U0709861

康熙會稽縣志 3

紹興大典 史部

中華書局

會稽縣志卷第二十

選舉志中

舉人　進士

舉人

士舉於鄉即希簪仕不與儕輩伍是以竭智畢能揣摩歷歲月以期當去者一日之知足重刖而復來首垂白而不去以爲莫榮於是且曰會稽山川佳氣舉數獨多以觀宋元迄於今凡抱絕學立奇績者亦出其中以是爲山川佳氣可矣

宋大觀二年戊子科

張宇發 別院省元有傳

淳祐三年癸卯科

胡曾 省元

景定二年辛酉科

章斌 省元

咸淳九年癸酉科

金益信 省元

元延祐四年丁巳科

夏亨泰 有傳　邵貞

泰定三年丙寅科

邵德潤

至順元年庚午科

朱本然

至正元年辛巳科

姚文儒　邵仲剛

至正七年丁亥科

邵德彰　邵子靜

至正十年庚寅科

邵仲英　錢宰

明洪武三年庚戌科詔開科以今年八月爲始各行省連試三年自後三年一舉

錢尚絅有傳　趙友能

洪武十七年甲子科

吳輔　吳祥改名慶　邵思恭

王子真

洪武二十年丁卯科

殷成

洪武二十六年癸酉科

王斌

洪武二十九年丙子科

邵至善　給事中

洪武三十二年己卯科

葉坦

永樂元年癸未科

徐初　理卿　有傳

章儆　斌之五世孫

許茂昌

司馬符　教諭

永樂三年乙酉科

趙魁　羅友寧 順天知縣

永樂六年戊子科

張習

永樂九年辛卯科

邵廉 有傳

永樂十二年甲午科

胡智　胡季舟 有傳

永樂十八年庚子科

章宗信　陳綱

宣德元年丙午科

章瑾　儆之子

宣德七年壬子科

鄭貞　僉事

宣德十年乙卯科

邵祥　廉之子　長史

正統三年戊午科

張鵬　禎遜姪　訓導

正統六年辛酉科

沈性　錢金應天教授

正統九年甲子科

謝旭訓導　季駿

正統十二年丁卯科

章瑄敏之姪　王勤斌之孫順天

景泰元年庚午科

邵能長史　韓鄉長史宋忠獻王十二世孫

曹謙知府有傳　馬軒知縣　婁芳

邵潤

景泰四年癸酉科

胡謐解元有傳　章以誠知州　劉英考功郎中

孟顏　錢輪金之子順天知州

景泰七年丙子科

方愷　朱諲學錄有傳

天順三年己卯科

韓垣　徐正教諭

天順六年壬午科

周鑑　章軫　楊昱知縣

朱瓘知縣　魯璵助教有濬庵集　鄭仁憲順天

成化元年乙酉科

龔球倪之姪通判　陶性懷之弟　董復有傳

謝顯旭之弟

成化四年戊子科

章忱惟之弟　任謹　董豫復之兄有傳

張閶鵬之姪　韓邦問瀾之子湖廣有傳

成化七年辛卯科

陶懌 懷之弟

成化十年甲午科

鈕清　秦煥

成化十三年丁酉科

倪宏 知縣　朱顯　胡恩 智之孫

胡怡 恩之弟 推官　吳侃

成化十六年庚子科

謝圭 旭之姪 魁知縣　經　陸寧

成化十九年癸卯科

秦銳 澳之姪　謝會 旭之子　車份

閻士克

成化二十二年丙午科

胡德 謐之子　陶諮 性之子 知縣　陶詰 諮之弟 知縣

陳鎬 應天解元　陳欽 鎬之弟 應天　韓大章 邦問弟 湖廣

弘治二年己酉科

陳元 經魁　楊垠 昱之子 知府

弘治五年壬子科

胡拯 恩之弟 知縣　錢譯　馬敬 推官

弘治八年乙卯科

陶諧 諧之弟 解元　陶璐 性之兄 知縣　章桒 悅之姪

弘治十一年戊午科

葉信 上虞籍　朱晃 璀之子 知縣　章槩 忱之姪

錢士宜 輪之子 同知

弘治十四年辛酉科

董玘 復之子　毛鳳 紹興衞籍　陶謨 諧之兄 知縣

季本 初知碭山歷遷寶慶府判廉州貳守終伊府左長史所至郡縣並潔己愛民碭山寶慶兩祀名宦家居恬淡長厚爲鄉人所推　張應符

弘治十七年甲子科

季本木之弟經魁　陳銘欽之弟　謝恕顯之弟通判

姚鵬

正德二年丁卯科

韓明讓之子　沈藎珪之弟知州　姚鬲知州

沈弘道炳之子　單敞通判　沈磬廣西

正德五年庚午科

謝元順澤之孫　謝恩顯之子順天知州

正德八年癸卯科

毛一言紹興衛籍　張思聰應符之孫　羅江雲南

正德十一年丙子科

章浩　秦位通判順天　章元紀順天

正德十四年己卯科

司馬相是年會試十六年廷試溫公十五世孫　王揚

嘉靖元年壬午科

董瓏玘之弟　陶師文應天同知祀名宦

章季順天長史

嘉靖四年乙酉科

章大綱 同知　謝徵 順天 知縣　陳鳳 應天

嘉靖七年戊子科

謝紘 會之孫　謝廷試 復姓 商

嘉靖十年辛卯科

章美中 以誠 會孫　沈鍊 紹興 衛籍　謝廷訓 順天 知縣

嘉靖十三年甲午科

商璉 廷試之 兄推官　鈕緯 濤之孫　章秉中 美中弟 知州

陳鵠

嘉靖十六年丁酉科

章煥會試中式不與廷試　徐綱應天　沈橋順天

王楠楊之兄順天

嘉靖十九年庚子科

周炎鑑之曾孫　趙理　陶大年

馬晉任趙州知州改光州俱有惠政歸家詩酒自樂輕財重諾尤重族誼有詩學衍義四書詳纂行世

嘉靖二十二年癸卯科

沈束晝之子解元　陶承學試之孫　陶大有師文之子副使

張梧提舉

嘉靖二十五年丙午科

朱奎　胡朝臣 直孺裔孫　胡儒 季舟曾孫

陳舜仁 通判

嘉靖二十八年己酉科

陶幼學 承學之弟布政　范櫃　陶大臨 諧之孫有傳

范性 知縣　錢臣之 知縣　謝宗明

胡崇會 謐曾孫　錢呈之 臣之兄知縣

嘉靖三十一年壬子科

馬縕 晉之子　司馬初 相之子　余倫 知孫

龔芝之琳之孫順天

嘉靖三十四年乙卯科

章如鋐　史檟　蔡天中改名成中

葉應春衛籍順天　葉應暘應春弟順天

嘉靖三十七年戊午科

陶大順大臨兄纖省兩舉經元父子同科進士歷官副都御史

余相　秦文捷知縣

嘉靖四十年辛酉科

陶允淳大順子尚寶丞　章如鈺　錢守愚衛籍應天知縣

沈大綬 順天

嘉靖四十三年甲子科

陳大綂 衛籍鵠子經魁　陳時　張溥 御史洽之子

陶允光 大年子經魁　羅萬化 有傳　章禮 順天解元

商爲士 璉之子

隆慶元年丁卯科

車應祥 份之孫

隆慶四年庚午科

陶允宜 大臨子經魁　朱大經　嚴允亢

商爲正 廷試子忠能格主惠溥均徧力行條鞭閩人至今思之

馬捷　董子行　沈弘宗 順天

萬曆元年癸酉科

錢世賢　祝彥　范可奇

司馬祉 初之子山西　司馬晰 初之子山西解元

萬曆四年丙子科

葉雲初 歷官副使清愼自矢居鄉有洛社之風祀九江名宦第四子汝荃天啓甲子科舉人

徐桓　吳達道　陶允明

章廷鼎　趙夢日 順天　司馬暐 山西

章若昌

萬曆七年己卯科

胡琳　馬文奎改名文圻　錢櫝

章守誼　章守誠相城令力行條鞭卓異考選御史以直節官至參政

徐大化順天　錢守魯守愚弟應天

鈕應魁緯之孫順天知縣

萬曆十年壬午科

陶志高大有孫　沈良臣　章爲漢

章允升

萬曆十三年乙酉科

陶望齡 承學子經魁　劉毅 居官實意爲民居鄉和雅可法

王邦彥 順天　章維寧 順天

陶輿齡 應天以子履中官知府贈中憲大夫有傳

萬曆十九年辛卯科

翁汝進　張宇全　董啓祥 順天

董懋中 應天玘之曾孫　張泰禎

萬曆二十二年甲午科

姚會嘉　金應鳳　王以寧

周用賓　馬燧　陳淙順天

萬曆二十五年丁酉科

商周祚廷試之孫　錢象坤　劉宗周

林紹明　王舜鼎順天　沈縉

王承恩應天　徐如翰上虞籍

萬曆二十八年庚子科

董懋史有傳　董元儒　鄭之尹

陶大邦陳宗節　章守讓典化同知

萬曆三十一年癸卯科

周敬先　姚允莊有傳　陸夢龍

陶奭齡有傳　謝國柱　范維達順天

金鎔貴州　林紹祖順天　范繼業順天

萬曆二十四年丙午科

陶榮齡　謝啓廷　沈應魁

陳治安順天有傳

萬曆三十七年己酉科

陶崇道　潘融春　王先鐸

馬文燿　張文炳順天　姚應嘉順天

萬曆四十年壬子科

張期昌　董成憲啓祥子亞魁　章志佺

羅元賓順天萬化孫

萬曆四十三年乙卯科

秦弘祚　姜一洪　范紹序

薛應聘順天

萬曆四十六年戊午科

馬維陛有傳　陳孔教川南道有傳　章重

魯元寵順天　商周初應天鼎祚弟　金蘭

天啓元年辛酉科

馬權奇　董宿　朱稷

徐湯英大化子更名鼎　鮑經濟　錢忠愛順天

余煌順天　張維勤順天　葉雲裕順天

金應元知縣死難有傳　白其昌順天

天啓四年甲子科

葉汝荃　章龍霖　阮承咸

凌元鼎　唐九經順天　鈕國藩同知

天啓七年丁卯科

曹惟才解元　陸大紳亞魁　姚允致

孟稱堯　鄭體元北監　沈光裕北監

崇禎三年庚午科

葉汝蒨有傳　潘同春　傅克相

章正宸順天　李論問順天更名冲　高岱順天有傳

朱光熙順天　倪夢商順天　錢鼎新順天

林橡順天後改名宸肆力學問爲古詩歌自娛

崇禎六年癸酉科

王紹美經魁　黄期生知府著有四書詩疏治河理蠹諸集

沈綵　順天稱能文敦節義祖檉父肅祀鄉賢

王壐　工詩文負經濟　徐文奘　順天

崇禎九年丙子科

王紹蘭　周洪任　王之垣

魯東　俞邁生　有傳

崇禎十二年己卯科

陶秉禮　順天經魁　陶祖獻　貴州經魁　袁州佐　山東

錢艮璧　童欽承　北籍　言承游　河南

崇禎十五年壬午科

王自超　陶履卓應天　姜希轍順天

葉雷生知縣　鈕應斗　王士捷

國朝順治二年乙酉科

陸嵩北籍　陸華疆北籍　金昌胤順天

王士曠順天

順治三年丙戌科

范礽南康推官陞同知葺鹿洞建濂湖書院修廬山博山鹿洞蓮湖等志著審克錄下二篇

唐允思　趙陞府學　祝紹熲

俞有章禮部員外有傳　龔勳　范進　徐兆舉

順治五年戊子科

馮肇楠　王褒知縣　唐康堯餘姚學

陶澄齡順天　王仲　徐光極

順治八年辛卯科

章貞府學　錢沈燦湖州學　俞立植北直貢監

順治十一年甲午科

姜廷標　陶作楫　邵懷棠

單之駿　董艮櫝府學朗生子　顧豹文錢塘籍

李平　章煒順天

順治十四年丁酉科

金煜　姜文鼎本姓王　余峻聲

王穀振

順治十七年庚子科

王百朋　袁汝顯順天

康熙二年癸卯科

金肅經魁綱之子　王燦　陳光祖北籍　姚啟聖北籍

康熙五年丙午科

王穀尋　趙嘉進　陸嵩北籍

康熙八年己酉科

馬青　袁顯襄　徐琦府學

王永芳本姓葉　李揆敘

康熙十一年壬子科

姜之琦府學　陶式玉名嘉會孫　邵天岳

陳灝　秦宗游府學　徐胥北籍

陸晉北籍嵩之子

康熙十四年乙卯科

商用說本姓王紹美子　章祖烈北籍　車鼎元北籍

丁一新 北籍

康熙十六年丁巳科

董玉 元儒孫　姜希轄 逢元孫　陶峨 作楫子

姜公銓 希藏孫

康熙十七年戊午科

王德祚 毅振子北籍

康熙二十年辛酉科

魯德升　陶士銑　龍汝寬

謝錫　姜承烈 北籍

進士莫榮於唐宋然以所及見者邑之中俄頃傳聞車馬驟集其門閭巷觀者蟻聚焉錦繡幣帛充於庭親黨相誇於道路且曰自是而或司方社或歷公孤致主澤物爲宗族鄉黨光寵於是人賴之在近代且然何論唐宋雖其後宦績之高下人或得而辨之凡登是選者則必並志其名

唐賀知章 有傳

宋淳化二年辛卯科孫何榜

錢昆

咸平二年己亥科孫暨榜

錢易 有傳

大中祥符八年乙卯科蔡齊榜

齊廓 秘書監 有傳

天禧三年己未科王整榜

孫沔 樞密使 有傳

天聖八年庚戌科王拱辰榜

齊唐 有傳

寶元元年戊寅科呂溱榜

沈紳 樑之子 謚文肅　錢彥遠 有傳

慶曆二年壬午科楊寘榜

朱奎　徐紘　錢明逸 彥遠之弟

慶曆六年丙戌科賈黯榜

何玠　朱琮　陳惟湜

皇祐元年巳丑科馮京榜

關杞　關希聲　余叔良

任秉　楊度

皇祐五年癸巳科鄭獬榜

韓希文　應瑜　張琦

李燮

嘉祐二年丁酉科章衡榜

余京

嘉祐四年己亥科劉煇榜

關景仁

嘉祐六年辛丑科王俊民榜

錢嵊　張燾　馮璩

嘉祐八年癸卯科許將榜

關景暉　張濟

治平二年乙巳科楊汝礪榜

余𢇁　王長彥

熙寧六年癸丑科余中榜

關澥　鍾昇　沈篯

熙寧九年丙辰科徐鐸榜

張祖良

元豐二年己未科時彥榜

華鎮有傳

元豐五年壬戌科黃裳榜

沈充　徐充　戚儀

詹京　蔡繪　詹默

元豐八年乙丑科焦蹈榜

張叡

元祐六年辛未科馮涓榜

朱卬

元符三年庚辰科李釜榜

盛口

崇寧二年癸未科霍端友榜

徐公佐

崇寧五年丙戌科蔡嶷榜

郁濼　潘彬 主簿

大觀三年己丑科賈安宅榜

臧言　華初平 鎮之子 有傳　王俊

張宇發 祖良子 有傳　王輔

政和二年壬辰科莫儔榜

張公彥　翁彥約

政和五年乙未科何㮚榜

張翮　錢唐休

政和八年戊戌科嘉王榜宋志嘉王楷第一登仕郎王昂第二徽宗宣諭嘉王云有司考在第一不欲以魁天下乃以第二人爲榜首

諸葛行敏　錢唐俊唐休弟　孫鼎

宣和三年辛丑科何涣榜

陳陞　王休俊之兄

宣和六年甲辰科沈晦榜

諸葛行言 行敏弟　謝作　胡尚智

建炎二年戊申科李易榜

陳炳　孫適　詹彥若 默之子

紹興五年乙卯科汪應辰榜

王賓

紹興八年戊午科黄公度榜

繆涯

紹興十二年壬戌科陳誠之榜

徐几　詹承家 京之孫　詹林宗 承家弟

紹興十八年戊辰科王佐榜

沈壽康　詹亢宗　林宗俞

紹興二十七年丁丑科王十朋榜

孫國安適之子

隆興元年癸未科木待問榜

魏中復　許蒼舒

乾道二年丙戌科蕭國梁榜

楊寅　張仲宗

乾道五年己丑科鄭僑榜

會稽縣

乾道八年壬辰科黄定榜

錢粲 唐俊子　張拱辰 宗仲姪　張亨辰 拱辰弟

許開 蒼舒孫

淳熙二年乙未科詹騤榜

詹騤 林宗子有傳世家南門外　盛勳

淳熙八年辛丑科黄由榜

諸葛千能 行敏姪　魏挺

淳熙十一年甲辰科衛涇榜

施累　董之訥

淳熙十四年丁未科王容榜

徐三畏

紹熙元年庚戌科余復榜

諸葛安節行敏姪　潘方

紹熙四年癸丑科陳亮榜

許閎開弟　王度　劉宗向

慶元二年丙辰科鄒應龍榜

曾敷　王淑　楊世晨

慶元五年己未科曾從龍榜

會黷 槩姪　張撫辰 宗仲子

開禧元年乙丑科毛自知榜

張淶辰 宗仲子

嘉定元年戊辰科鄭自誠榜

諸葛興 行敏侄

嘉定七年甲戌科袁甫榜

朱晉　陳亨祖

嘉定十三年庚辰科劉渭榜

王栢　尤孟達

紹定四年慶壽恩釋褐賜進士出身

王傑

紹定五年壬辰科徐元杰榜

葛焱　施退翁　胡昌

陳錫禹　楊釋回洪辰姪

端平二年乙未科吳叔告榜

施德懋有傳

嘉熙二年戊戌科周坦榜

劉會　　金清夫　　胡太初 余溍子

韓境 琦六世孫

寶祐元年癸丑科姚勉榜

沈翥 紳五世孫　　夏仲亨　　唐震 有傳

寶祐四年丙辰科文天祥榜

徐理

開慶元年己未科周震炎榜

李應旂 御史

景定三年壬戌科方山京榜

陸天驥

元延祐二年乙卯科張起巖榜

邵貴

泰定四年丁卯科李黼榜

邵德潤

至正二年壬午科陳祖仁榜

姚儒文　邵仲綱

至正十一年辛卯科文允中榜

邵仲英　錢宰有傳

明洪武三年詔凡鄉試中者行省咨中書省判送禮部會試

洪武四年辛亥科吳伯宗榜

趙友能主事

洪武十七年詔凡鄉試中式出給公據赴禮部會試以次年二月爲始

洪武十八年乙丑科丁顯榜

王肅　王子眞　邵思恭

洪武二十一年戊辰科任亨泰榜

吳慶主事　吳輔　殷成

洪武二十七年甲戌科張信榜

王斌　知縣

永樂二年甲申科曾棨榜

章敞　有傳

永樂七年己丑科蕭時中榜

張習

永樂十九年辛丑科曾鶴齡榜

胡智　布政使　有傳　　章信宗　御史

永樂二十二年甲辰科邢寬榜

陳綱　御史

正統元年丙戌科周旋榜

章壙侍郎

正統十年乙丑科商輅榜

季駿僉事

正統十三年戊辰科彭時榜

王勤叅政

景泰二年辛未科柯僭榜

沈性知府有傳　邵能郎中

景泰五年甲戌科孫賢榜

章瑄大僕少卿有傳

天順元年丁丑科■■

胡謐參政有傳　孟顓行人司副

天順四年庚辰科王一夔榜

婁芳御史

天順八年甲申科彭教榜

周鑑知府

成化五年己丑科張昇榜

謝顯■韓邦問刑部尚書謚莊僖有傳

成化十一年乙未科謝遷榜

董復　知府　有傳

成化十四年戊戌科曾彦榜

鈕清　副使　董豫　僉事　有傳　章恍　知府　有傳

鄭仁憲　知縣

成化十七年辛丑科王華榜

張閶　大理寺副

成化二十年甲辰科李旻榜

陸寧　知府

成化二十三年丁未科費宏榜

胡恵 主事　秦渙 知縣　陳鎬 副都御史有傳

車份 有傳　陳欽 副使

弘治三年庚戌科錢福榜

秦鋭 副使　陶懌 參議有傳

弘治六年癸丑科毛澄榜

胡恩 參議　陳元 知府　韓大章 知府

弘治九年丙辰科朱希周榜

陶諧 有傳

弘治十二年己未科倫文敘榜

錢暉

弘治十五年壬戌科康海榜

葉信 知府

弘治十八年乙丑科顧鼎臣榜

董玘 會元榜眼吏部侍郎 贈尚書謚文簡有傳

正德三年戊辰科呂柟榜

章槩 知府　毛鳳 御史　姚鵬 副使

陳銘 同知

正德六年辛未科楊愼榜

韓明僉事 讓之子

正德九年甲戌科唐皐榜

張思聰參政　羅江

正德十二年丁丑科舒芬榜

季本知府見理學傳　沈弘道僉事有傳　謝元順郎中

正德十六年辛巳科楊惟聰榜

司馬相其先本溫國文正之裔自宋邑遷越郡家焉初授刑部主事有戚里犯法執問不少貸稍遷福建僉事以大獄被譴歸家居十餘年務自砥礪孝友清約無間于鄉評所著非泉遺集越

郡志畧各十卷子
祕祖並舉進士　王楊山東

嘉靖五年丙戌科龔用卿榜

毛一言僉事

嘉靖八年己丑科羅洪先榜

謝紘知府

嘉靖十四年乙未科韓應龍榜

陳鳳僉事

嘉靖十七年戊戌科茅瓚榜

王楠　沈鍊贈光祿卿有傳　陳鵠僉事

嘉靖二十年辛丑科沈坤榜

商廷試初知黃州府祀名宦終甘肅行太僕寺卿　沈橋按察使附祖忖傳

章美中同知　章煥僉事　陶大年參政有傳

徐綱知府　鈕緯僉事清之孫

嘉靖二十三年甲辰科秦鳴雷榜

沈束通政使有傳　陶大有副使

嘉靖二十六年丁未科李春芳榜

胡朝臣前通政司有傳　陶承學禮部尚書諡恭惠有傳

嘉靖二十九年庚戌科唐汝楫榜

趙理 僉事

嘉靖三十二年癸丑科陳謹榜

范檟 知府有傳　胡崇曾 同知前主事

司馬初 知縣

嘉靖三十五年丙辰科諸大綬榜

陶大臨 榜眼吏部右侍郎贈禮部尚書諡文僖有傳　謝宗明 僉事

葉應春 知府　龔芝 同知

嘉靖三十八年己未科丁士美榜

陶幼學 布政　胡儒 行人

嘉靖四十一年壬戌科申時行榜

史櫝 叅政

嘉靖四十四年乙丑科范應期榜

張博 長史前給事中　陶大順 有傳　陶允淳 尚寳司丞

隆慶二年戊辰科羅萬化榜

羅萬化 禮部侍郎有傳　章禮 叅議　朱南雍 甲戌會試同考僕卿

隆慶五年辛未科張元忭榜

商爲正 大理寺少卿　章如鈺 知縣

萬曆二年甲戌科孫繼臯榜

陶允宜 會魁員外　陳大綖 國子學錄　范可奇 副使有傳

司馬祉知府

萬曆八年庚辰科張懋修榜

葉雲礽　錢櫝國子助教有傳　徐桓叅政

萬曆十一年癸未科朱國祚榜

章守誠叅政　沈艮臣行人　徐大化工部尚書

萬曆十七年己丑科焦竑榜

陶望齡會元探花國子監祭酒謚文簡特祠有傳　胡琳有傳

劉穀廣西布政

萬曆二十三年乙未科朱之蕃榜

翁汝進參政

萬曆二十六年戊戌科趙秉忠榜

王舜鼎有傳　王以寧有傳

金應鳳山西布政　陸夢祖有傳

萬曆二十九年辛丑科張以誠榜

錢象坤大學士　徐如翰推陞巡撫有傳　姚會嘉御史

傅賓禮部主事有傳　董元儒巡撫有傳　商周祚吏部尚書有傳

劉宗周左都有傳

萬曆三十二年甲辰科楊守勤榜

林紹明廉使　章若昌主事

萬曆三十八年庚戌科韓敬榜

張泰禎副使　陶崇道給事疏參逆璫　陸夢龍有傳

萬曆四十一年癸丑科周延儒榜

姚應嘉大理卿有傳　董懋中玘曾孫尚寶卿　周用賓御史參魏璫見統紀

萬曆四十四年丙辰科錢士升榜

范紹序保定推官陞刑科給事附父傳有直聲祀保定名宦

姜一洪布政

萬曆四十七年己未科莊際昌榜

馬維陛參議有傳

天啓二年壬戌科文震孟榜

錢忠愛知縣　羅元賓撫江御史

天啓五年乙丑科余煌榜

余煌有傳　鄭之尹大同僉事　金蘭學院陞少卿

崇禎元年戊辰科劉若宰榜

張星順天庶吉士歷滁和僉事　商周初給事歷仕常鎮道

魯元寵推官行取編修歷官副使

崇禎四年辛未科陳于泰榜

馬權奇主事　嚴起恒　章正宸庶吉士改給事有傳

曹惟才興化府推官

崇禎七年甲戌科劉理順榜

朱光熙知縣　錢艮翰

崇禎十年丁丑科劉同升榜

唐九經順天籍推官　章重福安知縣　李冲

崇禎十三年庚辰科魏藻德榜

王紹美肇慶府推官　沈光裕北籍

崇禎十六年癸未科楊廷鑑榜

王士捷 順天籍推官　陶履卓 承學孫有傳　徐鼎 大化子

魯臬 庶吉士　余增遠 煌之弟有傳　鈕應斗 知縣

王自超 舜鼎孫翰林庶吉士制舉業爲世所譽

皇清順治三年丙戌科傅以漸榜

陸華疆 北籍　陸嵩 北籍　王士驥 北籍

順治四年丁亥科呂宮榜

謝泰 北籍　丁同益 北籍　徐兆舉 知府

順治六年己丑科劉子壯榜

王慶章　董欽承　張舜舉 北籍

范進

順治九年壬辰科鄒忠倚榜

唐賡堯　周沛生

順治十二年乙未科史大成榜

章貞　龔勲　顧豹文

袁州佐　姚啓盛北籍

順治十五年戊戌科孫承恩榜

董艮櫝期生子　鍾國義　馮肇楠

金煜蘭之孫

順治十六年己亥科徐元文榜

陶作楫　李平懋芳孫編修　陳之藴

順治十八年辛丑科馬世俊榜

滕達　周世澤

康熙三年甲辰科嚴我斯榜

王燦

康熙六年丁未科繆彤榜

王穀振以寧孫　孫宣化　邵懷棠

康熙九年庚戌科蔡啓僔榜

童煒　王穀韋穀振弟

康熙十二年韓菼榜

呂廷雲

康熙十五年彭定求榜

陶式玉

康熙十八年歸允肅榜

秦宗游

康熙二十一年蔡升元榜

魯德升　姜之琦

會稽縣志 卷二 [illegible]志 三八

會稽縣志卷第二十一

選舉志下

武科　武甲

武科

挾弓矢講韜鈐之士必以時而遇以地而生非若佔嗶之家童而習老而不倦可以人盡爲之者也然會稽自六千君子定霸以來非乏之人也國家教武於庠序與考秀並舉於鄉所謂修身以爲弓矯思以爲矢立義以爲的奠而後發發必中者

古者受命於祖受成於學亦其意歟是以武科之制遠邁前代誰謂武勁之士必生於燕趙

明隆慶元年丁卯科

裘良用　章尚斌　章應隆

隆慶四年庚午科

章大忠　章文哲

萬曆元年癸酉科

金秉鉞　章容　章友聞

萬曆四年丙子科

章仲斌　吳紹文湖廣

萬曆七年己卯科

章文[illegible]再中武　章成　鄭期顯

章應陽江西[illegible]元　章延整廣西　陶世學北京

萬曆十年壬午科

項治元[illegible]　章程　章遂再中式

王棟　陶世學直隸武元　丁溥順天

萬曆十三年乙酉科

章仁　章方美　吳教

萬曆二十五年丁酉科

袁大寧　章敬身三科中式　章承祖

萬曆三十七年己酉科

謝弘儀　陶廷瓏　祝壽

尉曜副將　姚賓　楊獻清

杜肇勳紹興衛世襲指揮以漕運功陞白沙守備歷勦海寇劉香老陞廣東都司以親老歸養年八十餘猶娛情詩酒有閒古齋詩集十種

萬曆四十三年乙卯科

馬繼俊順天　章明鈐　章明威

萬曆四十六年戊午科

袁慶 應天　沈可周　丁寧國

裘垣　章守魯　章應奎

天啓元年辛酉科

章易　章應試　章仁讓 都司

天啓四年甲子科

章際會 守備　章金　章仁武

章宏 參將　章國幹 守備　章元飆

章正宋 正宸弟 都司　章國武 都督 有傳

天啟七年丁卯科

閻會齡　順天

崇禎三年庚午科

邵武功　章璘　章龍雱

崇禎六年癸酉科

章度　章彪　章輿

崇禎九年丙子科

章萬孚　章志俊

崇禎十二年己卯科

周晟　茅元運　劉震龍

崇禎十五年壬午科

祁埥流　王芳

皇清順治四年丁亥科

陳紹斌

順治八年辛卯科

王三元　董暹懋中子　石之貞北籍

順治十一年甲午科

王由掟武元　塒胥賢北籍

順治十四年丁酉科

董德政北籍　吳錫綬　董兆麟北籍

順治十七年庚子科

闕一文　周凱　王國楨

康熙二年癸卯科

顧鴻文豹文弟　王宗文　李斌

朱昌府學　王承爵

康熙五年丙午科

董艮櫹艮櫝弟　鈕元緯之曾孫　王元杰

張玉炫本姓趙

康熙八年己酉科

姜壇　王國珍　周奇

謝匡　羅淮

康熙十一年壬子科

韓馥　徐嗣惠　章烘北籍

王國勳北籍舜卿侄孫

康熙十四年乙卯科

諸謙

康熙十七年戊午科

王遇　王成績

康熙二十年辛酉科

沈弘範彩之孫

武甲

較於文重者曰進士較於武重者亦曰進士始進正也鄉也邑之士口不言兵避劍客藏鋒去駭則趨而避之今則執枹鼓擁大纛長轂雷野高旗彗雲猶是會稽之士也何勁怯殊哉進以道也

明萬曆二年甲戌科

金秉鉞 遊擊

萬曆五年丁丑科

黄崗 都督

萬曆十七年己丑科

章承祖

萬曆二十年壬辰科

章威

萬曆二十三年乙未科

范繼斌 都司

萬曆二十六年戊戌科

范繼道 總兵

萬曆三十五年丁未科

章仁鎮撫　袁大寧都督僉事

萬曆三十八年庚戌科

謝弘儀狀元

萬曆四十一年癸丑科

章敬身

萬曆四十四年丙辰科

章明幹　陸之彦都司僉書　馬繼俊

天啓二年壬戌科

章易　章應試　王鯑

天啓五年乙丑科

姚嘉憲 狀元 章允之

崇禎十六年癸未科

姚鐘

順治六年己丑科

丁元 山西都司

順治九年壬辰科

[illegible]璧 狀元 徐綱 北籍

順治十二年乙未科

[illegible]

順治十五年戊戌科

[illegible]

順治十八年辛丑科

[illegible]敬　　王猷 北籍

康熙三年甲辰科

董暹 懋中子　　王威爵 北籍

康熙六年丁未科

鈕元 緯之曾孫

康熙九年庚戌科

王國珍　姜壇

康熙十五年丙辰科

董良楠　良檟弟

康熙十八年己未科

羅洪　第一北籍　鷰試

康熙二十一年壬戌科

阮應泰

會稽縣志第二十一卷終

會稽縣志卷第二十二

人物志一

名宦　寓賢

名宦

夫會稽自置邑以來千餘年祿於茲土者無慮數百人而史傳所載代不過數人以余耳目所覩記亦僅僅百之一二何其難也然考之故籍其在司牧惟廉以自持恕以澤民則傳之而矯與苛者不與焉其在司教惟嚴以律己勤以造士則傳之而

隘與僻者不與焉夫廉與恕嚴與勤之四者豈人所難能哉直不爲耳嗟乎使祿於是者勉其所易盡之職以樹夫千百載難得之名則吾會稽之民若士其有攸賴也夫 徐渭

令

唐李俊之開元中爲縣令縣東北有防海塘自上虞江抵山陰百餘里以潴水溉田久而崩廢俊之增修焉民賴其利後令李左次又增修之

吳鏐乾寧初爲縣令威勝節度使董昌反名鏐討

策鑄曰眞諸侯遺桀子孫顧不爲乃爲假天子自
取戚乎邪目怒叱出斬之并族其家
宋曾公亮字明仲泉州人舉進士以太常寺奉禮郎
知縣事聽訟决獄吏莫敢欺縣有鏡湖瀦水以溉
民田湖溢反爲田病公亮即曹娥江隄疏爲斗門
洩湖水入江田始不病後相三朝官至太傅魯國
公贈太師中書令謚宣靖配享英宗廟廷
韓球建炎中爲縣令政事修明下民咸倚爲重時
朝廷遣三使者括諸路財賦所至以鞭撻立威球

處置有方上不違法下不病民歛錢五百緡以俟

既而曰諸太守太守張首視事即求入覲為上言

之詔追還三使者民咸德之

元

呂誠字實夫元統中尹省刑罰均賦役庭無冗事

尤以廉愼稱

周舜臣至正十九年尹蒞縣公勤廢墮修舉田稅

宿弊靡不釐革民畏愛之

明

戴鵬字鵬舉信都人洪武初知縣事器度弘深清

修自守時信國公湯和軍四門趣郡縣供餽期甚

嚴鵬率民步行往餉日晡饑甚從者進餅餌固却
不受掬道傍水飲之一日休於縣廨忽雷震几案
火焚書籍左右驚仆鵬神色自若徐曰撲滅之及
秩滿民不忍去相與留其鞾
王宗仁福建延平人洪武初知縣事以廉能稱民
吏懷畏秩滿去父老擁馬幾尾不得行
鄒魯鳳陽人洪武中典史釋滯理寃輕刑緩役招
集流亾黎庶樂業父老奏魯治有異績擢知本縣
廣寧衛鎮撫趙興以公事至爲人私請不從誣逮

刑部事直上嘉其守擢大理右丞

凌漢河南人洪武中知縣事仁恕寬簡愛民如子

病卒於官民甚哀之

陳堯爾字秉鈞大理人弘治中知縣事其政務興

利補弊尤注意於學校爲闢地置田性復剛嚴不

畏強禦時中貴出鎮者張甚及至爾遇之無加禮

斂跡而去遷太僕寺丞

朱孟童玉山人永樂中知縣事政多惠愛尤先貧

弱卒於官民哭之如父母

陳璋字希泉崑山人宣德中知縣事性度弘厚[illegible]

尚寬簡與時宣化公餘兼事吟詠

曾昂合州人正統末知縣事慷慨特達銳志於治

處州葉宗留叛鄰郡兵發取道於邑民苦騷擾昂

布令率民擒治境乃肅然

郭珙字元圭閩縣人成化中知縣事寬役緩刑救

災恤患邑人德之又能以經術教人後生往往資

焉

韓祥字景瑞潁人成化中知縣事明賞罰均徭賦

邑人懷之

張鑑字汝明南充人嘉靖中知縣事時縣中匿稅與畝以萬計賠者苦之鑑請覆畝一稅經歲寢食田野中逆訖事民大稱便商旅苦濫榷鑑又請裁冗署凡五所守介政寬不妄取一物不妄撻一人而所舉悉久遠大計被徵去縣服御蕭然未幾民爭祠之歷官都御史鑑之後古文炳番禺人清介方嚴與鑑相伯仲同時令山陰者方叢慈於民乃有古君子葉小人之謡以母喪去跣出郊哀號欲

絕見者愴動邑人並鑑祠之額曰雙清

楊來鳳字從儀河南汝陽人正德中知縣事厚重

簡默遇事詳審農桑學校次第舉行績最徵爲監

察御史

高世魁字紹甫閩縣人正德中知縣事性和而厲

廉介不苟強梗斂跡尤銳意學政績聞徵爲監察

御史

羅相字澄溪南昌新建人進士萬曆中知縣事政

有實德百廢具舉不事文具威愛兼行修學宮造

渡東橋置常平倉祭酒陶望齡立石記之

翁愈祥蘇州常熟人萬曆戊戌進士己亥以鄒平令改知會稽愈祥弱於嫗衆而強於禦奸仁愛著乎心而油然達乎顏色人望而懷焉號之曰毋先生民間輸賦者苦吏卒暴之祥至更爲寬條而事給索迹絕先時妖獄興其渠魁竄走監司疑之大姓錢指之爲黨捕甚峻民小有嫌隙輒訟言錢黨一切詳覆行之治朞月邑大稔民曰吾仁令所致邑先有虎民又曰虎去吾令寧驅之界今皆遠徙

所後喪留居廬中越人始傳祥所後業產子不當
復爲持服父老聞咸喜舞而胥吏輩皆色沮有間
傳告曰祥眞不來矣父老咸愴然泣下云祥治稽
纔踰歲而功德在民歌思不忘也

趙士諤字蓋菴吳江人禮士愛民不畏強禦百姓
謳思有趙元壇之稱在郎署時力救劉宗周海內
傳誦官至巡撫太史陶望齡爲文序之

史番則字言爲常州宜興人萬曆丁未進士居官
以教養爲事平易近人任開墾得田六千畝復鑿

曹娥墕地得磽田萬畝春耕則緩徵徭停勾攝俾民力作行之數年獄訟衰息民肖像而祀之

彭汝楠字尚木福建人萬曆間進士爲政通敏考校有冰鑑之目振拔單寒激厲士風自下車至遷擢鼓舞不倦其所錄士多顯揚於世名拜給事諫阻魏官　官侍郎

皇清崔宗泰字斗瞻靖藩下恩貢居官清廉多惠政治民寬嚴互用不縱不阿時兵役繁興承上勸下處之皆如稱爲眞父以後陞常州知府民咸思之

丞

元彭仲宣至正十七年丞政公訟理吏民翕然服之

明陸平益都人永樂三年丞寬平仁恕屢辯寃獄民咸德之

簿

元毛彦穎至正二十年簿執法不阿時呼爲鐵王簿

尉

宋徐次鐸東陽人慶元中尉廉明公謹政事修舉時鏡湖漸廢屢請復之弗得乃曲爲營處民獲其利

教諭

元童桂慈谿人太定中學諭動止有度教人各因其材時學燬於火官廡鞠爲蔬圃桂至力興之病卒於官

寓賢

聞之庸蜀與雒鵲同　吳與鼉黿同穴遠人之來登相習哉雖然　會稽之習則遠人變之自晉之東渡王謝諸賢始入越於是而來者踵相接冠裳禮樂遂甲於天下於越之俗無復存者惟巖壑爲會稽舊物焉陟秦望探禹穴發宛委之藏書鼓若耶之櫂溯鑑湖而東流一觴一詠名士風流悠然如晤何可忘遠人之遺澤哉爰志寓賢

唐康希詵一名希仙嚴州人希詵年十四明經登第

歷海濮饒房台睦六州刺史皆有異政顏眞卿撰碑記其事開元初入計請老於會稽

賀知章字季眞越之永興人性高曠善譚說與族姑子陸象先善象先嘗謂人曰季眞淸譚風流吾一日不見鄙吝生矣嗣聖初舉進士累遷禮部侍郎兼集賢院學士元宗自爲贊賜之後遷太子賓客授秘書監知章晚節尤誕放自號四明狂客初病夢遊帝居數日寤乃請爲道士還鄉里以宅爲千秋觀有詔賜鏡湖一曲旣行帝賜詩皇太子百

官皆出餞擢其子會爲會稽司馬賜緋魚使侍養幼子亦聽爲道士卒年八十有六

張志和字子同金華人始名龜齡父游通莊列二子書爲象罔白馬證諸篇佐其説志和生十六擢明經以策干肅宗特見賞重命待詔翰林因賜名後坐事貶南浦尉會赦還以親喪不復仕築室越之東郭自稱烟波釣徒每垂釣不設餌志不在魚也著元眞子亦以自號觀察使陳少游往見爲終日留表其居曰元眞坊以門隘爲買地大其閭號

回軒卷陸羽嘗問孰爲往來者對曰太虚爲室明月爲燭與四海諸公共處未嘗少别也何有往來志和善圖山水或擊鼓吹笛舐筆輒成嘗撰漁歌憲宗圖眞求其人不能至李德裕稱其隱而有名顯而無事不窮不達嚴子陵之比云

方干字雄飛新定人工詩賦始舉進士有司奏干缺脣不可與科名遂遯迹會稽漁于鏡湖蕭然山水間以詩自放咸通中太守王龜知其亢直薦爲諫官名不就將殁謂其子曰志吾墓者誰歟吾之

詩人自知之志其日月姓名而已及卒門人相與私謚曰元英先生孫希韓興以詩曰牛斗文星落知是先生死湖上聞哭聲門前見彈指官無一寸祿名傳千萬里死著紙衣裳生誰念朱紫我心痛其語淚落不能已猶喜韋補闕揚名獻天子唐末宰臣奏名儒不遇者十五人追賜進士出身干與焉

〔宋〕胡直儒字少汲高安華林人少力學以詩受知黄魯直紹聖間擢進士爲編修營救元祐黨禍累遷

工部尚書郎以龍圖閣學士知洪州兼東道都總官率兵禦金人於雍丘斬首千餘級已而兵潰見執在朔漠聞京城失守大慟不已金人欲立異姓虜爭之久得歸欽宗撫諭曰孤城久閉天下兵至者獨卿與張叔夜耳及張邦昌僭號嘆曰吾豈事僞主耶高宗即位亟赴行在所奏益虔吉戍兵收刑部尚書封開國伯奉詔治攢宮因留焉未幾而卒葬雲門白水塘有西山老人集行世

韓肖胄相州人忠獻公琦之曾孫徽宗時賜同上

舍出身建炎初爲工部侍郎條奏戰守計千餘言累遷簽書樞密院事後以資政殿學士知紹興府尋奉祠與其弟膺胄寓居於越事母以孝聞卒謚元穆

尹焞字彦明本洛人少事程頤嘗應舉發策有誅元祐諸臣議焞曰噫尚可以干祿乎哉不對而出告頤曰焞不復應進士舉矣頤曰子有母在歸告其母母曰吾知汝以善養不知汝以祿養頤聞之曰賢哉母也於是終身不就舉靖康初用种師道

薦名至京師不欲留賜號和靖處士及金人陷洛焞闔門被害焞死復甦劉豫以兵刧焞抗罵不屈夜徒涉渡渭潛去以身投寬長安山中轉徙崎嶇流落于蜀紹興五年以秘書郎名八年除秘書少監兼崇政殿說書每當講日前一日必沐浴更衣以所講書置案上朝服再拜齋于燕室或問之曰必欲以所言感悟君父安得不敬高宗嘗語叅政劉大中曰焞學問淵源足爲後進矜式班列中得老成人亦見朝廷氣象累除禮部侍郎兼侍講因

檜論和議之非又以書切責秦檜尋乞致仕其婿
邢純爲浙東安撫迎養于越寓居二年而殁年七
十有二遂葬于五雲山石帆里所著有和靖文集
十卷

李顯忠字君錫本名世輔綏德青澗人孝宗元年
丐祠居會稽遂卒而葬焉初爲鄜延路兵馬紹興
中自西夏率衆來歸高宗召對便殿奬賚甚渥賜
今名兀朮侵邊會諸將戰于柘臯大敗之顯忠生
長邊陲熟悉敵情因上恢復之策忤秦檜意屏居

台州久之金主亮入邊詔起顯忠爲池州都統與
戰於大人洲首挫其鋒亮擁兵犯淮西王權敗走
詔顯忠代之遂同虞允文大敗亮於采石復和州
又復靈壁又復宿州軍聲大震會副將邵宏淵忮
功不協倡言惑衆心士無鬬志師遂潰於符離顯
忠嘆曰天欲未平宋室耶而沮撓若此乃納印待
罪責授團練使安置長沙徙信州後朝廷知其故
復太尉歸老於會稽歲賜米三千石顯忠生而神
奇立功邊陲父子破家狥國志復社稷未就而卒

朝野惜之帝嘗奇其狀貌魁傑命繪像閣下謚忠

襄

會悳字仲常南豐曾鞏之孫以父任爲郊社齋郎

累遷通判温州携家次于越建炎三年金將琶八

陷越城下令文武官在城中者詰旦皆詣府見不

至者死悳獨不往逮捕見琶八辭氣不屈抗言國

家何負汝汝乃欺天叛盟恣爲不道我宋世臣也

恨無尺兵以殺汝安能貪生事爾也時金人帳中

執兵者皆愕眙相視琶八曰且令出左右驅悳及

其家屬四十餘口于南門外同日殺之越人作大窖瘞其屍其翁餘杭令息收葬于天柱山悳以國與衛士

唐琦時事相同琦有旌忠祠而悳以流寓迄無建白之者嘉靖壬寅知府張明道始祔大節祠並琦祀之於是越人始知有曾公云

曾茂字吉甫贛州人以兄弼恩起將仕郎累官敷文閣待制立朝敢諫負氣不阿佞幸閹貴一無所假嘗三仕嶺表家無南物晚節尤重於人雖憸邪如湯思退猶以不得從遊爲恨早從舅氏孔文仲弟兄講學時諫官劉安世以黨禁人無敢窺其門

幾獨從之遊避地衡嶽又與胡安國遊故其學益邃為文雅正尤工於詩有經說二十卷文集三十卷幾初與兄禮部侍郎開徙家河南紹興末因宦浙東卜居於越寄禹蹟寺未幾其子浙西提刑逮迎養于官卒平江歸塟山陰之鳳凰山詔贈左光祿大夫謚文清

王希呂字仲行宿州人避亂徙合肥用祖父廕補官建炎間扈蹕南渡僑寓嘉興以事忤秦檜去迨孝宗朝名試登乾道五年進士除右正言疏斥佞

臣張說出知廬州淳熙八年以龍圖閣學士知紹興府並著政績仕終吏部尚書端明殿學士晚移家會稽貧不能廬寓僧舍孝宗聞之賜地一所錢六百萬緡令有司造第于城之東隅子孫世居于此即今所稱後衙池也

張震字彦亨蜀人登乾道已丑第歷院轄寺丞知撫州江西倉以不附韓侂胄爲言路論罷嘉定初召爲郎遷右司郎官奉祠不復出娶會稽胥文清公之女因家于越時論以正人許之

林德暘字景熙温之平陽人宋咸淳中進士宋亾
不復仕嘗寓越適楊髠發宋諸陵棄其遺骸景熙
佯爲採藥行陵上以革囊拾之盛以二函託言佛
經瘞越山植冬青樹以志之而哭之以詩既而歸
平陽尋爲會稽監簿王修竹延致于是往來吳越
者二十餘年所著詩文有白石藁白石樵唱詳見
攢陵下
謝翶字皐羽閩人也少倜儻有大節以文章名家
元兵取宋文天祥開府延平翶傾家貲率鄉兵數

百人赴難遂叅軍事天祥轉戰閩廣至潮陽被執翱匿民間流離久之間行抵句越句越多故家而王監簿諸人方延致游士日以賦詠相娛樂翱時出所長見者絶倒不知其爲天祥客也然終不自明遂結社會稽名其會所曰汐社期晚而信也嘗行禹穴之間循山左右窺祐思諸陵北嚮哭東入鄞過蛟門臨大海則又哭晚登子陵釣臺以竹如意擊石歌招魂之詞失聲竹石俱碎有西臺慟哭記臺南白雲村方干故居也翱遊而悅之願卽此爲

甃地作許劍錄又爲晞髮集既殁友人如其言甃瘞以文稿殉從翺志也

鄭樸翁字宗仁平陽人咸淳中入太學陽上舍釋褐歷福州教授尋除國子正宋亾諸陵被發與友人林景熙等謀間行拾之語在景熙傳中既而歸隱薌山瀑下會稽王英孫延致賓館教授子弟二十餘年後以病歸卒于家林景熙誌其墓曰余與鄭公生同里學同師由長至老又同出處而公沉毅直方自許致君澤民志不獲遂猶以言語文字

扶植綱常精衛填海憑霄銜土重可悲也所著有四書要指二十卷禮記正義一卷雜著二卷曰續古有詩一卷曰厚倫皆精實並傳於世

元貢性之字友初泰甫從子宣城人也初以胄子除簿尉有剛直名後補閩省理官元亡明太祖徵錄泰甫後大臣以性之薦性之改名姓避居于會稽躬耕自給老而無嗣其鄉人芮麟嘗過之憐其羈困邀與俱歸性之辭以詩有云遊絲落絮都成恨社燕秋鴻各自飛杜宇叫殘孤館夢西風吹老故

山微每有所感則泣下形而爲詩有詩曰曙光晴
散越王臺萬壑千巖錦繡開欹幌僧鐘雲外落捲
簾漁唱鏡中來樹藏茅屋雞聲斷露濕松巢鶴夢
回安得畵圖分隙地移家仍住小蓬萊勸之仕者
即默不應卒門人私謚曰貞晦
明劉基字伯溫青田人年十四通春秋能文章長務
理學尤精于天文兵法舉元進士丞高安議不合
去隱居力學嘗遊武林西湖有異雲起西北座客
以爲慶雲將分韻賦詩基獨縱飲不顧曰此天子

氣應在金陵十年後有王者起其下我當輔之方
國珍反海上省憲辟基爲行省都事基議方氏首
亂宜捕斬行省以請於朝大臣多納方氏賄准招
安授國珍官駁基擅作威福覊管紹興基發憤慟
哭嘔血欲自殺家人力沮之於是居紹興放浪山
水以詩文自娛凡新剡蕭暨諸名勝遊賞殆遍而
盤桓雲門諸山最久具有記已而方氏益橫朝議
思基言復起之基意不屑卒棄歸著郁離子十卷
明太祖兵下括蒼遣使來聘遂間道詣金陵定計

椎髻卒爲元勲第一人

無名氏二人當永樂初一爲樵者寓耶谿日鬻薪雨束足食則已食已往畫詩溪沙上畫已輒亂其詩人怪之一日忽從後持抱乃得讀其詩云夢入鷄班覲紫宸醒來依舊泣孤臣半生家國唯餘我萬里江山竟屬人無地可容王蠋死有薇堪濟伯夷貧伶仃苟活緣何事要了熒熒一點眞一爲僧寓雲門寺不言其由毎從一童子携茗具筆床泛舟四遊賦詩滿袖歸則焚之不留一字兩人者疑

皆建文忠臣晦姓名而遯者也至後查表忠錄樵者名廖平襄陽人建文時官兵部侍郎携太子出奔雲門僧名蔡運南康人貢起家歷官四川參政清勁直諒不諧于俗罷歸起賓州知州有惠政壬午與聞出亾之事因薙髮爲僧至會稽雲門寺寓焉

楊定國兖州人崇禎間奉使過越聞變自縊死從者星散邑人范會貫憐之爲之營塟于賀家湖南歲時以雞黍致祭

姜埰字如農山東萊陽人崇禎辛未進士屢遷吏科給事中時內豎揭朝堂指東林倪元璐等爲二十四氣埰奏是小人以此傾陷君子帝大怒廷杖劉宗周疏救謫戍邊海赦歸同弟垓庚辰進士奉母寓章闓家曲盡孝養與章正宸爲道義交

梅念殷湖廣麻城人巳夘舉人避流寇寓居稱心寺善詩文體近離騷

高弘圖山東人萬曆庚戌進士講學東林寓居會稽聞變絕粒死與劉宗周同時

祝淵字開美海鹽人崇禎癸未上書救劉宗周下詔獄尋赦歸宗周以書招之淵輿疾至讀書古小學後以營葬還里聞變結帨死

張文熾字湛生順天人崇禎甲戌進士歷官吏部文選郎醇篤清介喜愠不形甲申寇難避跡若耶溪杜門却埽超然特立與同里孝廉蕭伯闇明經賈期生並稱石隱云

會稽縣志第二十二卷

會稽縣志卷第二十三

人物志二

列傳前　列傳後

會稽負巖壑之奇據東南之勝靈秀所鍾自古號稱多賢蓋不獨士之生于斯寓于斯者蔚然可紀而貞婦烈女緗黄雜技之載于青史者亦班班焉何其盛也今之會稽豈有改于昔哉而才賢或差不逮于數十年之前則較之往古抑又可知矣此何說焉蓋以覩于鄉之尚士與庶之風昔以朴今

漸以華昔以儉今漸以後夫華與儉相乘故志曰濫而節易隳卽卓然不移者間有其人而視諸數十年之前終有間矣尚何望于往古者哉嗟乎必有豪傑者作返朴與儉使鄉易其尚士與庶易其風而後古之會稽可復見矣　徐渭

列傳前

唐羅珦實應初詣闕上書授太常大祝曹王皐領江西荆襄節度使嘗署幕府累遷副使皐卒軍亂劫府庫珦取首惡十餘人斬以狥環棘庭中俾投所

刼庫物一日皆滿乃貫餘黨召爲奉天令中官出
入韓道吏緣以犯禁珦榜笞之雖死不置自是屏
息擢廬州刺史修學宫政教簡易有芝草白雀之
祥淮南節度使杜祐上治狀賜金紫服再遷京兆
尹請減平糴半以常賦充之人賴其利以老疾求
解徙太子賓客累封襄陽縣男
羅讓字景宣珦之子蚤以文學著聲舉進士宏辭
賢良方正皆高第爲咸陽尉父喪幾毀滅服除布
衣糲飯不應辟者十餘年淮南節度使李鄘延致

幕府除監察御史累遷福建觀察使兼御史中丞有仁惠名或以婢遺讓者問所從答曰女兒九人皆爲官所賣留者獨老母耳讓憮然爲焚券召母歸之入爲散騎常侍拜江西觀察使卒贈禮部尚書

宋羅開湍字仲謙開寶間守臨江崇儒尚禮士民化之卒贈臨江侯

錢彥遠字子高舉進士歷知潤州以地震上疏勸帝順天脩德且言契丹據山後諸鎮趙元昊盜靈

武錄夏湖廣饑饉劫剽生民顛軫此三方之急講
求長久之計以荅天戒時旱蝗民饑即發常平倉
以賑部使訐其專且權沮之彥遠不爲屈召爲右
司諫知諫院會諸路奏大水彥遠言陰氣過盛在
五行傳下有謀上之象未幾果有挾刃入禁門者
特賜五等服卒于官弟明逸歷太常博士爲呂彝
簡所知擢右正言

孫沔字元規舉進士爲監察御史裏行景祐初章
獻皇后服未除而禮官請用冬至日册后沔奏請

俟祥禫別擇日又奏請宥李安世以風言者出知衡山縣道上書言時事再貶永州後知秦州仁宗勉以邊事對曰秦州不足憂陛下當以南方爲憂明日官軍以敗聞遂以沔爲荆湖江西廣南安撫使未幾賊平遷樞密副使契丹請觀太廟樂沔折之曰廟樂皆歌詠祖功宗德使人如能留助吾祭乃可觀使遂不敢復請張貴妃薨追册爲皇后命沔讀册故事正后翰林學士讀册沔既位右府辭之不從及至樞前乃曰此册臣沔讀則可樞密副

使讀則不可置册而退時相取讀之遂求罷職以
資政殿學士知杭州在杭治奸僧猾民不少貸累
官觀文殿學士知延州卒年七十一贈兵部尚書
諡威敏

齊廓字公闢舉進士授梧州推官累遷太常博士
知審刑詳議官出知通泰州提荆湖路刑獄潭州
鞫繫囚七人爲強盜當論死廓訊得其狀付州使
劾正乃悉免死平陽縣自馬氏時稅民丁錢歲輸
銀二萬八千兩民生子至壯不敢束髮廓奏蠲除

之初兼按察司時奉使者競爲苛刻邀聲名獨廓奉法如平時積官光祿卿直秘閣以疾分司南京改秘書監卒

顧臨字子敦通經學爲國子監直講遷館閣校勘同知禮院臨知兵神宗詔編武經要畧且召問兵對曰兵以仁義爲本動靜之機安危所係不可輕也因條十事以獻出權湖南轉運判官提舉常平議事忤執政意罷歸元祐二年擢給事中朝廷方事回河拜天章閣待制河北都轉運使翰林學士

蘇軾等言臨資性方正學有根本封駁議論有古人風宜留置左右不報臨至部請因河勢回使東流復以給事中召還歷刑兵吏三部侍郎兼侍讀爲翰林學士紹聖初以龍圖閣學士知定州徙應天河南府忌者指爲黨人斥饒州居住會覃恩還鄉里年七十二卒

錢勰字穆父彥遠之子以蔭補官神宗嘗名對將進用之王安石使弟安禮來見許爲御史勰謝曰家貧母老不能爲裏行安石知不附已命以他職

知開封府老吏畏其敏欲困以事導人訴牒至七
百𢇁隨即剖决吏乃驚詫去宗室貴戚爲之斂手
名拜户部侍郎進尚書加龍圖閣直學士因忤章
惇惇極意排詆罷知池州卒

陳居安乾道五年爲臨海令以興利除害爲已職
邑有大惡溪小惡溪峭石隱見疾流衝激舟稍不
戒輙破覆居安募工去石民甚便之守以其能檄
董治東湖稽復侵漁浚决壅滯創制斗門爲利尤
大

施德懋端平間進士知建平以操幹聞值歲饑多方賑救全活甚衆縣故有學士以無養失業德懋奏置田五百畝招徠俊秀躬教飭之士類聿興秩滿遷審計司

詹騤字晉卿淳熙二年廷試第一累官至龍圖閣學士知定國府以文學政治聞其子孫世居南門外

元華凱字元凱至正間爲蕭山尹時邑田多蕪民失其業凱嚴實民田鄉無爭競至今賴之

明錢尚絅字允裳宰之子洪武初領鄉薦授新城簿新城當杭睦之交兵燹後存者無幾尚絅與令披艸萊以創治竭力勞撫民賴以安

趙淵字澤民洪武初領薦授陽穀令遷山西按察使繩贓吏興學校卓有時譽及解官結茅先壠之側簞瓢誦讀無異布衣鄉人賢之

宣溫字彥溫少穎悟好學襟度超曠家貧處之裕如洪武中被召上詢以治道溫條對甚悉上因問漢高祖殺功臣光武全功臣優劣何如溫對曰高

祖殺功臣功臣自殺光武全功臣功臣自全上慨其言授四川左叅政居官有惠政蜀人祠祀之

王珩字叔珩少力學有志事功洪武中陳時務十策有裨治道授鹽城令興革利弊民甚德之永樂初遷刑部主事不就歸弟璲舉經明行修科爲襄城伯訓導一時公卿皆折節下之

章敞字尚文永樂甲申進士是年初選庶吉士讀書中秘敞與餘姚柴廣敬與焉預修永樂大典四書五經性理大全諸書後居刑曹屢辯冤獄人服

其明累遷禮部侍郎兩奉詔往安南諭黎利父子
得使臣之體轉左侍郎毎有獻替多所裨益時晋
府以護衛官軍田盧請英宗命敬理之至則計軍
分授餘給與民咸沐其利又同尚書胡濙考定新
舊令式明白簡易吏不敢欺至今賴之
徐初字復陽自幼務精思力踐之學領鄉薦教授
濰學久之徵爲給事中仁宗改元首疏治道十事
常見施行進都給事中宣德中漢庶人高煦反勸
上親征翼贊有功賜臧獲四人英國公張輔朝會

失儀初劾其踧踖無人臣禮上雖曲宥輔而心嘉其直擢大理卿持法務平恕嘗與寺丞楊復論事不合被劾下獄太史奏大理星不見上持復其官星乃見正統初乞歸又十年聞乘輿北狩一時悲憤而卒初生平忠誠孝友內外一致而剛亷節槩尤爲縉紳所推

周順字養浩爲人卓絶敏邁讀書日記數千言永樂初徙巨室丁壯實京師順以兄當行而母老遂慨然上疏請行詔許之已而入太學卒業拜監察

御史屢決寃滯明激揚百僚震悚遷山東叅議有聲齊魯間佐遂安伯理兵事于山海關規畫司委邊境賴之及調江西平大盤劇寇功尤著世宗改元遷福建左布政使至則建侯官懷安兩縣學開江山浦城道至今稱便

胡智字宗愚少穎悟兼通藝學與鎦績士誼悲爲友永樂中舉進士拜監察御史益稜稜掌院顧佐深器之謂可屬大事已而出按部多所平反守貴人某怙寵觸法連引齊魯楚蜀數郡智奏劾往訊

一鞫得其情擢福建按察副使墨吏聞之望風解綬遷廣西按察使龍州與交趾思郎州連歲交兵爭地智定以公議交人不敢復爭宣宗特加賞賚進左布政使異政尤多景泰初乞歸杜門謝俗守令鮮窺其面居地苦隘守欲以閑曠地益之辭不受

張禎遜字友讓性剛直公于嫉惡居嘗讀書嚴義利之辨嘗曰我私淑孟軻氏于遺書人皆稱爲張孟子永樂中舉賢良方正科授福建按察司照磨

數與上官辨時政得失言論侃侃不少詭隨上官嫉之不得行其志遂欣然著角巾以歸一時詞林諸名人競爲詩文以高其行

胡季舟字汝弼永樂甲午舉于鄉明年試禮部下第詔命覆試拔其尤得二十四人而季舟與焉賜冠帶給教諭俸俾卒業太學辛丑以親老請除松江訓導遷常德教授見義勇爲不惜財利人皆重之

章瑄字用輝景泰中進士授職方主事出守山海

關時中貴預朵顏神鎗機所都督[illegible]歸來後內官人王廷侑藉宮掖得管押[illegible]追還其婦攖其囊且盡瑄並奏悉置諸法[illegible]監指揮脫人赤有寵于英宗命使朝鮮而無[illegible]瑄持之不奉脫馳奏上震怒械繫闕下言官論救乃釋尋還車駕郎中進遼東行太僕寺少卿諸[illegible]貢馬入境多爲閫帥所擅瑄請歲遣官閱所貢馬于各邊自是歲得良馬無算于邊徼建學以教列校子弟遼士始知禮義尋乞歸所著有竹莊集四

十卷

徐彰字澤民任臨淮縣教諭嘗條陳時事有利[illegible]

民遷景東教授景東為雲南極邊地兵荒之餘學

無處所彰廉知有公署據于強梗遂言于郡歸其

址建學悉以師道自重復除天津三衛學政[illegible]

織無遺[illegible]誘以大義皆致畏敬鄰壤取法焉[illegible]

學子[illegible]登者官訓導學行類其父

[illegible]

[illegible]

授御史與愼端嚴爲左都御史蕭維禎所器重己

巳之變敵勢方張詔往閱宣嵒諸守堅性到邊徧

走墩堡忘險易景泰大漸英宗在南內廷臣議迎

洶洶未定性與林鶚等贊決之夜漏下三鼓武臣

排闥導駕出性趣鶚與周必兆翼維禎突仗前進

名翼戴以定大計低而論功爲徐有貞所蔽出知

寧國郡至則訊民疾苦拊循備至又以其餘孜孜

學校一時士奮起軼他郡未幾以外艱歸卒于家

孫橋字宗周嘉靖中進士歷順慶守終湖廣按察

使所至皆有聲績而清白自持不愧乃祖云

曹謙字廷遜髫時即以文名景泰初領鄉薦授潮州同知更徙韶州所至以廉能稱遷高州郡守猺獞出沒摽掠民不聊生謙綏輯合宜咸皆戢服至有迎拜道左乞田輸稅以自齒于編氓者高人至今祠祀之

韓邦問字大經文學耿介有學長于詩有衡軒集官襄府長史邦問因舉湖廣鄉試成化中登進士爲廷評慮囚四川多所平反出知淮安府節冗費

辯滯獄又集衆卒禁私鹺其所設施不爲苛察而人畏服久之以都御史巡撫江西時中官駐饒燒供御磁器邦問力言小民竭蔽狀上感動輒止之後以刑部尚書致仕卒于家邦問雅性坦直不妄笑言其居雖遏城市而出入甚罕至士大夫以國典民隱造質輒響荅忘倦蓋身雖退而不忘經濟如此里人至今想其風采卒謚莊僖

陳鎬字宗子其先會稽人占籍南京欽天監成化丙午舉應天鄉試第一登進士授禮部主事歷山

東提學副使湖廣右布政使進右副都御史巡撫湖廣明年以病乞歸命未下而卒鏞明敏有吏幹董學特較閱精當得士心巡撫時平漢沔之盜民賴以安鏞與弟欽同科進士而皆有才名欽亦爲廣東提學副使

朱誙字元肅景泰閒領鄉薦授麻城學訓歷應應天福建雲南聘主試事有故舊邀于途以私請謹曰幽有鬼神明有國法吾豈敢哉秩滿銓部重其學行特遷國子學錄卒于官

董豫字德和樂進士爲刑部主事以言事忤當路謫壽州同知遷知茶陵州益廉勁崢崢無所阿避其大者治嚚訟釐敝政改刱學宮擇師傅教其子弟時少保張治年弱冠尚未知書其父爲州胥豫見而奇之令就衙署中學且曰是子他日不在吾姪玘之下時玘已及第爲翰林矣其後張發軔一如豫言每爲縉紳言之服其藻鑑云

董復字德初成化中進士知縣縣爲民寬繇賦捍水患卹孤乏抑兼并奏最徵拜御史孝宗登極首

疏斥貴倖數十人直聲大震然以是爲用事者所
擠出知雲南府其治一如縣時民咸德之復性坦
直無他腸居官務盡職無顧避是以所至輒奮晚
歸衣無紈綺屋數楹僅蔽風雨足跡罕入城市家
居孝友日惟課諸子讀書故其子玘能振其業特
恩存問贈翰林院學士賜祭葬
董玘字文玉弘治辛酉鄉試第二乙丑會試第一
廷對第二授翰林編修以忤閹瑾出爲縣及瑾伏
誅以刑曹瑾誅還復職其後轉徙翰林春坊中至

吏部左侍郎玘生而穎絕以神童稱四書五經俱有註疏改正國史爲文非雅得西漢作者之體居鄉嚴重寡交即大吏造廬罕覯其面建中峯書院于東山兩眺之間四方從游講學者甚衆號爲中峯先生卒贈禮部尚書謚文簡遣官諭葬上虞大善隆祐山有中峯文集唐順之選

章忱字景恂成化間進士初令臨城累遷曲靖守所至有惠政民並肖像祀之忱天性孝友淡于榮利家居二十餘年城府罕入其自述有曰敢謂身

從顔氏樂直將心比伯彝濤所著有臨城集克齋稿恍父珙有孝行鄉人稱之

陶諧字世芳諧之從兄也以例貢爲覇州牧遷高陽令持己峻潔一介無苟取兩境民並祠祀旋以疾乞致仕歸時莊敏既貴顯陶氏門第日盛諧獨恬然如寒素日事吟詠以自怡篤于行誼爲宗黨所敬信

陶諧字世和弘治中以鄉試第一人登進士用選人中秘已而改給事中武宗時諸奸擅政事多齟

督諧駁抗疏請無所避逆瑾專恣尤甚權倖人主
諧奏斥之瑾怒日伺諧無所得乃羅他事矯詔杖
諧與劉大夏潘蕃同戍肅州瑾誅放還嘉靖改元
詔采耆舊乃復起歷官兵部侍郎總督兩廣會猺
變諧盡心撫勦兩廣以平尋入本兵乞歸卒于家
贈兵部尚書謚莊敏
陶懌字習之幼穎悟日記數千言弘治初登進士
授刑部主事讞獄公恕然不爲勢撓戚里有殺人
者同列並寬之懌竟正其罪累遷福建僉事逆瑾

邀賂慳嘆曰不義富貴於我浮雲遂以廣東叅議致政歸所著有克齋集

沈弘道字伯元正德間進士授刑部主事決獄稱平嘗慨囚以繫作囹圄賦讀者悲之武宗將南巡道上書抗止遂被譴迨世宗入繼大統首陳治道八事將柄用之會丁内艱去服闋進員外郎繼遷福建僉事卒于官家居時絕無私謁惟鄉邦利病所關則侃侃言之旣議革平水關抽分又議閉上竈河有司獨加敬禮言無不從且又念其貧欲贍

之乃合所擬飲大豪不其者能致道者則免飲[illegible]憚道謀於道子伺道出陳豪所賂千金于几冀以動之道歸問所從來遽唾去豪竟杖殺其清操不愧屋漏如此生平好學躭述作所著有樵問洪範八十一廓太元論凭几論冲穆纂問其家不存云藏于舊主平湖陸氏

沈東字宗安嘉靖癸卯鄉試第一尋舉進士出理徽郡三年拜禮科給事中世宗末年嚴嵩父子專政諸所進退一以賄爲低昂東獨事事憤懣將列

其罪狀語稍漏會總兵周尚文卒請䘏典嵩惡其素不附己寢之束抗疏言尚文忠勇素著國之長城其死也邊人無不灑泣而身後之典格而不議何以示勸且大臣當體國奉公奈何以愛憎爲予奪疏入嵩大怒條旨杖闕下幾死尋下詔獄幽禁之自束疏上後沈鍊趙御史錦徐刑部學詩先後論嵩時號越中四諫而嵩愈恨越人禁束愈固在獄凡十有八年艱危無狀唯兀坐玩周易著周易通解發爲詩歌悲壯悽惋令讀者裂眥酸鼻

會嚴氏敗而來父年八十有七其妻張乃伏闕上
疏請以身代繫令夫得一見父以贖凡三上乃得
旨放歸歸則固有心疾且其意欲佯狂以避世時
時對客作譫語然平居談道賦詩惺如也隆慶初
詔起原官尋遷南通政皆不赴自是掃跡城市日
以著述自娛家故貧有田十餘畝婦妾并日而食
處之怡然居十餘年而卒　妻張妾潘載貞婦傳
陶大年字長卿　嘉靖辛丑進士授南兵部主事出
守吉安陞山東海道修保甲法練卒千人爲勁兵

破賊楊施仁轉四川參議三殿災取材巴蜀使者相望大年渡河陪視採擇民困獲甦陞廣西副使平潮寇張璉詔賜金帛分守嶺北復平三巢賊獲賞如前會災變察吏罷官

董思近號約山以父玘日講勤勞廕補宗人府經歷適同邑沈束下獄思近抗疏救之幾不測華亭徐階爲玘所得士慨然曰吾師止一子何忍坐視其死力爲營解得出知雲南尋甸府平定苗雖有辟土功撫臣上其事爲嚴嵩所抑卒于官楊愼論

詩云不是蟠胸多磊落那知絕域有江山盡戟清
香延坐久村孤城遠漏聲聞
陶大臨字虞臣諧之孫也嘉靖丙辰廷對第二歷官翰林國子祭酒吏部右侍郎卒于官贈禮部尚書謚文僖大臨貌不勝衣而識沉守介屹然不可動擢隆慶壬申侍講讀于東宮神宗踐祚充日講經筵以正心窒欲敬天法祖爲言自入仕輒以諮訪人才爲急置二籍袖中黑白必書及爲吏部參決大計所汰留多得其當平生翼翼畏愼惟恐有失

而干取予尤嚴無論金帛即書畫名玩之遺必峻郤之泊然無所好也卒之日橐無贏金士論益賢之而惜其大用未究云

列傳後

陶承學號泗橋嘉靖丁未進士初仕中書擢南臺御史時佐鸞擅寵驕横言者多被斥承學抗疏力詆之出知徽州甫下車較士識許國爲廟廊器拔置第一徽故多訟承學敏于決斷邑民裹糧就讞者朝至夕去徽人號爲半升太守言食米半升爾

造郎賀成也報最轉九江副使會宗藩就封派册夫萬餘于嶽承學以山民不便水役捐俸僱值繳民建祠尸祝名曰思仁歷官南禮部尚書立朝持大體制度多所裁定致仕特恩存問歲給月俸後疾卒于祭葬贈太子少保謚恭惠子五與齡舉人望齡會元爽齡舉人祖齡國學生祖齡之子履卓會魁孫輩列諸生者數十人咸謂恭惠之德懋焉

胡朝臣號敬所嘉靖丁未進士授工曹以忤嚴嵩誣陷下獄嵩敗復原官終通政使沈鍊遭難賓客

多不至獨朝臣與永嘉尚寶張遜業常護視之卒以此得禍

范檟字子美嘉靖庚戌進士授工曹以廉謹稱嘗事者要致之不往轉徙在郎署間尋出知淮安值倭犯鹽城廟灣檟自將卒屯菊花溝以扞之時荒餘庫藏如洗諸軍給饟日千石檟恐不繼發銀往糴軍興給足卒破賊自受事不解帶者半歲衣漬汗表裏粉合肌如漆兵事罷而景藩役興諸郡括丁夫呼名甚棘檟以糧艘水手應漢陽協濟夫應

備應之而民不擾價又持會典請于撫院咨禮部奏減昇潘供給省費鉅萬時潘擁車資羣盗謀劫之布黨起天津至鄱陽價以計捕賊首餘遂潰散無何議築玉帶城價不附上官議遂搜遠道罷價罷職卒年八十有一著有洗心居格言觀史雅言首尾吟等集

陶大順號雲谷初名大壯舉順天鄉試第九北士大譁還補本籍廪生復以嘉靖戊午舉浙省春秋第一乙丑與長子允淳同舉進士有旌其門者曰

饑省兩舉經元父子同科進士授工曹以父老乞終養服除起補兵部郎當事者重其才一歲中更長三司又熟諳邊事條奏當旨遷大名兵備歷官副都御史巡撫廣西致仕大順沉練有決斷事至輒了律身嚴潔宦囊蕭然嘗謂諸子曰吾以清白貽爾勝贏金矣年七十四卒賜祭葬長子允淳官寶卿季子允嘉號蘭風以廪例入成均萬曆甲午試北闈房師薦元主司欲亞之房師執不聽曰吾不忍此生貶價後庚子癸卯己酉俱登副榜以例

貢授中都通判駐正陽正陽爲淮潁巨商孔道允嘉剔弊除奸商民安堵報最陞福建運副乞身歸里人稱其恬退允嘉博洽好書自子史天文地理星相醫卜奇門六壬靡不究解著有澤農吟集子崇道萬曆甲戌會魁給事中歷官布政

周應中號寧宇隆慶辛未進士聘陶奉旨歸娶初令元氏調繁真定鄰邊無城遣戍防秋歲費金錢應中以城真定爲請當事難之應中躬操畚鍤以先庶民不數月城工落成又疏滹沱河通水利教

民種稻北方水田自應中始邑患盜應中以保甲法清之會以事忤中貴馮保又書刺江陵奪情亦大恚當大計羣小誣以貪過吏部堂上大呼曰某官貪應中大聲應曰某官不貪眞定守徐曰委不貪第傲耳調崇陽均徭役嚴清丈勢家病之役未竣而轉崇府審理署印者亟索篆應中持勿與自持篆印戶由册册成名主者給之乃行至今民呼其田爲周公田庚辰大計復列不謹永錮應中視之蔑如也家居二十餘年起補幽鄠令累遷潞

安兵備故太守王國光里居坐不法應中按以律其私人力擠之復論調又家居七年起任荆南道荆南臨長江漕舟時覆溺應中酌爲帮運支收之法官民便之楚藩搆亂殺趙巡撫聞應中至拱手就縛在荆南三年治尤冣朝士有知應中者内擢光祿少卿而荆司理王三善以夙憾中傷復論調應中曰吾老矣不能事羣少年待辱也抗疏乞身得放歸里應中負經濟大才屢起屢蹶不究其用識者恨之林居三十年九十歲而卒

羅萬化號康洲隆慶戊辰廷對第一授修撰與修
世宗實錄及會典諸書江陵柄國以萬化伉厲自
遂每思招致託客周生通意萬化峻拒之其僕允
七私請記于萬化萬化怒曰吾爲天子侍從臣而
爲僕人作記耶江陵又爲其子先期請試題萬化
拂衣起曰吾晚裝兩篋明旦出宣武門而謂我難
去官乎江陵益恨之故久爲六品官不得調江陵
敗始遷諭德充經筵講官陞南祭酒歷官禮部尚
書時儲位未定有三王並封之命萬化率其佐詣

朝房陳説言甚剴切上疏言有嫡立嫡無嫡立長
疏凡十上太倉王錫爵亦力爭之國本始定會推
閣臣萬化名在枚卜或言中人須少用貨萬化嘆
曰吾以寒士被遇至此於吾過矣此何官而可貨
得乎又推冢宰而忌者不喜以是俱中罷萬化亦
痒病思母連疏乞歸至寶應卒賜祭葬贈太子少
保謚文懿

范可奇字士穎文正一十九世孫萬曆甲戌進士授
刑曹精法律大司寇嚴清重之出守黄州歲額輸

絹民以土不宜蠶率轉貿旁郡官廨有桑可奇令家人試之與吳越同於是課民種桑笞杖之贖以所種多少爲差三年而桑陰蔽野爲蠶書以授之黃之有蠶自可奇始歲大祲和糴勸賑力行無救可奇徬徨輟食適漕舟至可奇喜曰吾得藉手起此溝中瘠矣故事漕于江者即黃受代以達京師可奇以爲此去秋成三月莫若散之民間秋至而收之則滯漕舟不過三月耳請于大吏大吏難之可奇力爭願自執其咎始報可及期償運之亦得

羨米數千石備之備荒陞廣西副使備兵府江蛋戸猺丁憑依險阻時出爲患道路梗塞可奇伐木開道蒐補卒乘自蒼梧至行省五百餘里蕩然罷鳴柝吠犬之驚北陀崗民構亂羣議勦之可奇發单使往諭卽受約束可奇毋深入叢菁蒙瘴嵐以底定反側故人服其威信積勞成疾方視事卒于公座祀名宦鄉賢仲子紹袁字次鐮萬曆戊午副榜選授鳳陽通判時逆璫竊政媚奄者建祠于臨淮紹袁署篆避之以行及掣鹽眞州紹袁無絲毫

之羑壽卒于官降神于巫乩傳爲開封城隍神同里陶奭齡以柳州羅池事比之祀名宦鄉賢季子紹序字幼欽萬曆丙辰進士授保定推官考選刑科給事中告假歸里病憤時事使家人至京上之疏侵逆璫有同年生過之不聽上未幾卒祀保定名宦孫礽字祖生紹袁子順治丙戌舉于鄉授南康推官主白鹿洞書院修鹿洞廬山鄱湖三志著番克鎛于二編歷廣信同知平九仙山寇人多其功十二郡冤獄尤善于平反

朱南英號雲所萬曆丁丑進士初令奉新地瘠民貧南英多方勸課俗以饒裕盜賊衰息擢晁遷刑曹多所平反尋陞泉州知府郡多豪貴遇事蠭生南英蒞任豪貴皆斂跡晉湖南道時有諫垣之弟橫行鄉里人咸切齒長吏不敢問南英下車即按其罪後致政家居竿牘不入公庭兄南雍號越嶧隆慶戊辰進士給事中歷官通政並有聲績字畫為世所珍

錢櫝字仲美號岳陽武肅王後裔萬曆庚辰進士

自蘇請爲學博得南昌日集諸生橫經課業上靡然向風壬午分校南都所錄盡知名士遷北雍助教故事科甲出雍遷多禮曹且速而櫝迂迴五年遷工曹中官竊穴其中加以脅商爲蠹餉櫝並大工構嚴稽覈不一染指司空曾見臺器重之以內艱歸廬居如禮厨舍蕭然毫不介意丁酉起池州守與民休息不事鞭笞又苦心調劑礦稅池人賴焉遷江西督學以正文體端士習爲本雖當道不少徇人服其公以外艱歸哀毀柴瘠遂以病告歷

臥不復起

胡琳字伯玉號璞完高曾祖父及琳四世皆進士而琳以中書舍人歷官僕卿世爲廉吏家無中人產脫粟布衣無異寒畯雍之寬仁渾厚爲世所推重云

王舜鼎號壘池萬曆戊戌進士授刑曹深明刑律取孫滸西律例申明袁了凡寶坻刑書呂新吾獄政刑戒纂其要名宜慈錄時有給事曹學程當刑舜鼎力救得免尋調兵部郎覈軍伍册籍絕饋遺

未嘗私引一弁擢叅政分巡川北會蜀亢旱捐公費贖鍰倣常平法以賑活饑民兩臺使者相倚重凡大議大役必咨決焉歲値大朝以署臬代覲舉卓異廷勞賜金遷陜西右布政又以方岳殊等遷京兆尹陞吏部左侍郎故事天官卿貳率局戸遠嫌惟舜鼎不事隱避而人亦信其無私少宰邸終日闃然大司空缺特旨拜之上飭法疏大畧言救時急着惟在破情行法上嘉悅行之勞瘁竟卒于邸舍蕭然四壁榻前一敝簏書數卷無不嘆服其

清一云詔遣官營葬賜謚恭簡

陸夢祖號瑞庭萬曆戊戌進士初令崇宜調繁丹徒有惠政時有楊少宰養病金山候起居者冠蓋塡江上丹徒與金山咫尺夢祖若弗聞及少宰入都昌言曰狂瀾砥柱其唯陸某乎激勵廉恥非斯人其誰與歸薦拜御史出按八閩特疏劾中貴高倸罪惡寘之法雖調護者甚力勿聽也歷官南京兆時魏璫枯權驕橫毅然曰吾寧能結好奄豎苟貪富貴乎遂解組歸享年九十卒

王以寧字楨甫號咸所萬曆戊戌進士大令宜興縣多豪猾橫行鄉曲以寧下車捕其尤橫者數之法一邑肅然若成國魏國臨淮侯等家多以賜田爲名隱漏正供以寧履畝清丈力請于上悉爲起科得溢米數千石減泒合邑糧汙下者得豁免民受其惠建崇文書院祀邑中先儒唐思彥周道通萬古齋與諸生講學課藝于其中士民始駸駸向化立社倉五所捐俸贖爲倡備米萬石至今賴之循政甚多邑人尸祝不絕如桐鄉云遷侍御史巡按

粤東粤東兵餉取給于墟鎮場市雜稅市豪黠吏因緣爲奸腐帥昆蟲無不入課以寧具疏極言其害無名橫征一切報罷及代有羨鏹數萬金以寧曰鉤金豈鬱林石乎遂知會制院留以備賑而不具疏奏聞懼貽後人累也督學留都最稱得人因母老四疏陳情不報竟解官歸值逆璫用事𤨏玉盈廷以寧曰松風之夢固自適也遂堅卧不出優游林下垂二十年超然塵垢之外士論高之

董祖慶字久所文簡公玘之孫思近之子也思近

謫知雲南府卒於官祖慶哀毁扶柩比歸事母盡孝卒祀鄉賢生三子次懋策見儒林傳長懋史字周璽性至孝兄弟析產互相推讓萬曆庚子舉于鄉授鄞縣學諭獎引士類成名甚衆遷國學博例轉部曹以不應主銓者所求外陞撫州同知三署縣篆撫民多以貧富易婚致訟皆責令完姻風俗頓改因有董外公之謠民有小兒誤刻印爲嬉爲佐家所首告繫獄五十餘年力爲平反小兒出獄時已髮白齒落矣乃祀懋史像于其家陞福建運

同初江西爲逆璫建祠樵史堅持不可至閩甫下車即疏積弊甦商困乃以前事罷歸已巳年卒季櫆中號黃庭事親以孝閨敬二兄如嚴父登萬曆癸丑進士知武進有惠政校士多拔單寒出諸生劉光斗于獄遷寧國知府均徭役抑豪强士民立祠陞尚寶卿劾袁跡致仕教養兒子孫甚厚稱義

董元儒號景越萬曆辛丑進士初令大名調繁濬縣報最拜御史疏黜墨吏嚴戢内官直聲大著巡按廣西百粵乂安再命督漕漕務肅清又命巡關

講求實用泰昌踐祚元儒以河南掌道鞫躬盡瘁陞僕卿冢宰趙南星器重其人薦陞廣西巡撫值歲歉盜賊蜂起多方撫輯封疆無恙而元儒以疾終矣例得卹典璫翼不可謂元儒與楊璉爲奧援與左光斗爲庇護矯旨削奪時論惜之

徐如翰號檀燕萬曆辛丑進士授行人歷官工曹以宿望備兵寧武陞大同參政時上素稽貢如翰恩威茂著寬猛兼施七年之局結于一旦首輔方從哲擅權誤國黨禍方興如翰毅然越職陳讜[illegible]

誤國一疏幾罹不測左光斗救免遂解組歸旋起
天津道屬郡河間魏璫之桑梓里也璫囑私人致
殷勤且言能從我吾能使之一歲九遷如翰峻詞
却之絕不與通值魏艮卿母喪歸肅寧諸大吏相
期往弔如翰獨不往用是逆黨皆欲得而甘心焉
梁夢環遂以首謀翻局誣劾大臣虎踞津門奸謀
叵測特參削奪迨崇禎登極起平凉左參政時老
狪狪羅汝成諸盜蹂躪平固如翰與大帥曹文詔
督兵勦捕寇靡孑遺明通紀紀事本末載之甚詳

廷推都御史巡撫廬鳳淮揚以積勞致疾遂致政歸日與劉宗周陶奭齡爲講學友至若捐金解宗紳之訟恤孤焚孝廉之券其行事表表不可勝述所著有檀燕山集如翰上虞人婚於會稽董氏遂卜居郡城世籍會稽子廷玠郡弟子員以薦舉授官從劉宗周講學甚見推許見義行傳

錢象坤號麟武萬曆辛丑進士考庶吉士授檢討時制端黨禍初興象坤漠然孤立絕無依附以覲老侍省十年中强半家居己酉册封周藩久而不

調安之若素輔臣葉向高深重之天啓改元象坤以耆舊特授經筵日講多所啓沃因不附璫遂以冠帶閑住崇禎踐祚起原官丙子十一月烽燧四起京城戒嚴象坤躬率將士勤勵堅守上微行知之甚喜遂于十二月特簡入閣辛未六月予告崇禎十三年病卒享年七十有二居官恬静有守中立不偏品望實足重云孫鳳蘭仕刑曹

傳賓號儆初萬曆辛丑進士授豐城令將之官父戒之曰汝作吏毋失清白二字便是忠臣孝子及

抵豐永蘗自矢凡羡餘罰鍰建義學貯義倉秋毫無所入又豐瀆江江水湍急有牛灣塘者數壞禾稼及民廬舍屬清江在豐上流清以不病已不爲築而豐以非已地又不代爲築故頻遭水患賓獨捐俸代築躬自督率不避寒暑者歲餘緣塘種桑柏盤根固蔕豐迄今無水患賓之力也豐人遂號爲傅公塘立祠祀焉時值税璫爲虐外吏稍拂逆輒被逮豐民多捕魚爲生向未有税璫遽私起税千餘金民不堪命賓百計阻之遂爲璫所銜矯奏

幾逮甃御史溫純疏救得輕擬改調嵩陽後陞禮
曹以親老乞終養歸病卒于家
商周祚號等軒萬曆辛丑進士令邵武名拜給事
時神宗厭薄言官考選命數年不下臺省員缺科
臣止一二人兼攝數科周祚典繁理劇人服其才
其在垣諸疏如清場弊駁內批減福府封田禁皇
城內市議撤稅以賑饑民請發帑以固邊鄙皆有
裨時政巡撫八閩海寇猖獗周祚設策蕩平閩人
尸祝陞少司馬總督兩廣平大籐峽除建陽猺大

有戰功尋陞南大司馬以母年老請告歸養丁丑起冡宰時蘇州司李周之夔以私怨訐奏婁東張溥張采苛求復社幾茂起大獄周祚力持平乃得解士林多之力請終養疏十二上得放歸里第周初

崇禎戊辰進士爲商城令亦拜戸科給事中

姚應嘉號鏡初萬曆癸丑進士初任行人三列臺班一按漕運親歷水道免數省僱船之煩一巡八閩以淡漠風示下僚所推轂皆一時循吏一黜剔京畿積案盡剔時魏崔播燄應嘉卓然自立特建

二疏一曰聖政綜覈方嚴羣工仰承未恪一曰招權納賄者為敗倫之由掃門入戶者與氷山俱盡疏入魏崔矯旨削奪不為已沮崇禎踐祚召還原職不為已喜任太常典祀蠲潔任大理多所平反

應嘉自幼端重賦性耿介六經子史及周程張朱性理諸書無不精究事親純孝居鄉二十載始終如寒素有簡身靡及之懷享年九十有三羣推為三達尊良不誣也弟會嘉萬曆辛丑進士亦拜御史

孟應麟，字文叔，萬曆甲辰以明經授兗州別駕，尋命監軍援遼左，署東阿、壽張二縣篆。時鄆城妖人楊子雲等以白蓮社倡亂，徐鴻儒乘勢據鄒嶧，攻兗州，東阿、壽張俱恃應麟爲保障。阿素稱盜藪，有奸民煽亂，立幟山中，民驚擾。應麟使人拔其幟，禁民無妄動，至期果無恙。有寡婦以妖術聚諸少年，應麟擒斬之，餘黨無所問，城賴以安。應麟爲人廉正不阿，爲部所擯，抗辭奉母歸里，年八十有二而卒。長子稱堯，天啓丁卯舉人；次子稱舜，以明經司

訓松陽皆以家學有名于時

謝啓廷號丹水太傅後裔少負才受知紫溪蘇濬

萬曆丙午舉于鄉秉鐸縉雲尋轉贛榆令邑煩劇

難治啓廷恩威並用如河道檄取民夫則力請罷

役差擾驛遞則奪繳郵符禁地方以旱魃爲災阻

上官以私祠媚璫一時稱爲强項令擢守莒父廉

直勁正莒民德之祀名宦啓廷以孝友文章擅名

當世惜位不稱才未究其用

龔雲礽嘉靖丙辰進士芝之子萬曆己酉拔貢任

雲南黑鹽井提舉有惠政滇省雜蠻洞多梗化涖
茲任者征輸半缺礽下車撫循去鞭朴緩催科信
賞必罰民鼓舞急公課悉完且得羨餘弗入私槖
郎申抵來年正額民歡聲動地當事疏擢會有撓
之者中止因解組歸大學士朱賡爲作循吏傳

馬維陛號芝喬萬曆已未進士授東莞令縣濱海
多盜令多因緣爲利有罥四彼邏卒誣指貽累多
人罪擬辟維陛覆讞悉其冤摘自吮者論城旦餘
悉縱之又白鄰郡諸生冤民賦其神明總制陳邦

瞻素知其清薦陞工部郎時三殿鳩工陛以勤慎濟事迨工成至優敘而權璫義子捷卿之紬其勞止進一階補瑞州知府土瘠民嚚鎭以廉靜健訟者皆化爲醇民郡多逋賦陛身儜役罰終不以催科困民民咸謂守實生我云陛素羸多疾晰夕思二親病增劇乞休不止民聚哭遮留巡撫解學龍不聽其去民懽呼昇陛還不得已復視事東望泫然曰吾欸是官矣迨父卒趨歸痛弗及含殮擗踊哀毁益憊甚不可支遂不起

馬文正號隆南父華早歿文正年七歲屏問母曰父以何病歿曰因誤于醫耳遂泣下不止事母備極孝養承歡四十餘年上壽終文正以明經爲柳平令邑人素好鬭急則食斷腸艸文正至則命民間以艸根抵贖鍰民爭取之盡絕其種邑中遂無殢命之風尋以瘴病卒于官祀名宦

章懷德號印臺少參稷峯之冢孫少有逸才游成均需選日久爲母老不仕侍養終身居家力田孝友爲鄉黨所推凡有爭競必求質平而里有敗行

必戒曰勿令章欽君知也生平不事奇巖畔桑謀野漸致素封秉性好施予多待以舉火者崇禎九年廷臣應詔薦懷德有治郡材被徵先賜冠服乘傳入對强官之固辭不就退老偁山劉宗周欽其素行爲作墓銘

章正宸號格菴性端介淡名利天啓辛酉拔貢崇禎庚午舉順天第四人辛未會試第四人授庶吉士與馬世奇張溥等共相砥節溫體仁招之不往慨之出爲禮垣旬日王應熊輔政內援中旨不由

枚卜正宸疏云用輔臣當知大體公忠矢國之士不宜專務操切夤緣比附之臣蘇洵辨奸議非過計陽城裂麻實本愚忠下詔獄羣臣交救得釋會應熊事敗名還原職已卯典試湖廣從廢卷中拔曹胤昌爲第一一時人文蔚起廼視蘇松諸郡飭務陳漕政八害二要歷吏垣時令羣臣各舉所知正宸疏舉得人皆素矢忠義艱危可恃壬午元日疏論閣臣種種讜言帝優容之臨軒臺省呼爲鐵漢子一月左門召對責枚卜大事爾何把持陞評

詔同家守李川官等俱下獄幾不測去相賀逢聖疏救得遣戍襄陽甲申三月太常卿吳麟徵以長垣歷任薦自代適闖賊變同左都劉宗周縗絰哭武林尋丁艱廬墓期年祝髮雲遊不知所終

余增遠字謙貞號若水父幼美生子五一日命諸子言所志各引一古人增遠舉司馬君實以對父詰其故則曰以其平生所行無不可對人言耳父爲邑喜丁卯舉于鄉癸未成進士除寶應令會大帥驕横鎮守淮南備諸郡縣行屬禮增遠不屈掛

冠歸在職僅十日當時無不感歎以比陶潛之去彭澤及兄煌殉節增遂隱迹稽山門外躬負耒耜種蔬自給所居敗屋數楹編荻蔽是常以阜布廣尺五寸冬夏蒙首衣皆重綻襤敝絮而寢所與游者率田野中人有山陰令某及備兵使者某先後求見皆不納最後屏騶從突入廬中不得已稱疾偃卧即莞簟間見之執手敘生平相慰勞問以他事即不答先是使者諗知增遂清貧將有束帛腒糗之獻比入見知其雅尚清謹移時不展所懷

而迄今語增達曰素知先生欲爲農夫以沒齒耳徐應之曰農夫沒齒豈易得哉今許其言太過後數年吳中士大夫多罹禍者山陰令吳人撫時太息曰余先生眞聖人也沒齒爲農夫固不易得矣增達將卒語其子金體金和金繩曰吾已二十有四載朝不斷夕夕不斷朝恆謂不克保先人之遺體今其免夫汝三子其勉旃友人私謚曰孝節先生

陶履卓字岸生號錞菴承學孫崇禎壬午舉于南雍癸未以易經魁南宮稱易名家授行人奉詔安

撫粵東比編衣使者讞死囚爲雪冤者數百人捐除夙逋以數萬計粵人擁道泣送搆祠立像其有功東粵至今思之乞終養父祖齡卒積憂悲痛事母王氏曲承意旨及母逝發聲盡哀流血數十肢體幾毀營葬畢遂遘疾將卒之日謂其子覲曰吾屢遭患難不死者以祖母在也今無憾矣所著有孝經解安雅堂集人子要言行文有矩法堅秀黯欽河東平日持身訓世一本孝友而城府洞徹且好施予陰德尤豐

章士奎號燦斗父維寧以良鄉籍東順天鄉試士奎遂補良鄉弟子員爲人好義倜儻不畏權勢時魏璫亂政排陷正人士奎憤力爲營救不得乃開煤窰傷其祖墓以冀禍璫璫恨之誣以開礦致之死左都楊璉疏參逆璫二十四大罪內云誣殺章士奎此其一載明通紀

張焜芳號九山崇禎戊辰進士授南平令名拜戶科給事中爲文震孟請䘏與疏薦黃道周陳子壯惠世揚金光辰成勇才堪大用又疏參稽璫楊顯

名等罪惡群小嫉之借端鐫級歸與劉宗周講學于證人會時震孟卹典得請引薦者次第登用論劾者芟除殆盡起煜芳翰林抵濟遇變不屈而死

朱光熙字濬明文公後裔崇禎甲戌進士令揭陽地產毒草愚民每自殺以相傾陷光熙出金錢購毒草盡入於官乃市桑麻之種於江浙間教以機杼始有布帛民乃樂業焉復禦海患立義塚賑災不俟申請全活者萬餘期滿補樂亭旋召入上手錄一聯寵賜品題甲申之變悲憤成疾而卒于道

皇清沈文奎字清遠世居會稽城村好讀書困于數奇丁卯客遊遼東值大兵破遵化挾之去以才遭際

太宗皇帝右文選士裒然居首充秘書院纂修順治元年扈從入關

特命巡撫畿南羣黎安堵二年總督漕務自矢氷蘗惟以裨

國爲念且地當初定萑苻多伏奔文奎廓清綏輯民甚賴之文奎與母妻相隔十有八年至是始拜疏迎養五年擢弘文院學士已丑克會試總裁得人

晁盛七年丁母艱八年復起漕督益修前政會有膠州叛將海時行之變文奎率先會勦

朝廷嘉其績晉秩兵部尚書予蔭偶值白糧衍悠期鎸級以參政督理陝西糧儲勞瘁成疾具疏乞休進回京調理遂不起入陝西名宦載通志享年五十有七始以數奇終以殊遇古今未有也配陳氏年十八歸文奎方六載而文奎即客遊遵化久之傳聞以爲必死家益貧無所恃氏昆弟強之改適氏截髮自誓有死無二奉姑劬苦寒無幃暖冬無[illegible]

襦日啜一粥去來無幾文伯隨焉入關自客遊至貴顯離鄉既久亦疑老母生妻舊難復合不意重逢無恙母妻俱

恩封淑人人皆以娥江之靈多產異人云長子志道太學生次子志仁襲牛彔三子志禮廕任刑部郎中

顧大觀字君達本邑人徙居杭爲太學生不屑就選晚乃受子豹文御史封大觀生九歲輒通經傳子史甫十二父恒宇卒于粵聞訃擗踊號慟即問

粵路何向若謂粵可一日到釗至者竟以十二歲兒走萬里抵粵恒宇卒時以千金屬友人及大觀至友乾沒無所獲卒不與較扶柩以歸大庾天半瘴霧晝結從者舉困憊不能喘息大觀朝夕柩側哭不絕聲及歷十八灘過彭蠡經小孤颶風作舟幾覆同舟皆無人色大觀伏柩號天而颶忽止舟以濟舟中人皆頟手曰吾輩幸免魚吻實賴此孝童于是人咸目爲顧孝童年十六祖病疽潰血肉殷床褥間大觀手撫拭不稍怠及殁號慟如喪父

時事毋陳氏極瀡滫之養承顏色惟謹母年七十餘大觀亦五十夜歸雖醉必就榻下問起居取懷中果餌以進與弟友愛無間年各六十猶炊同釜一櫝貯出入錢穀簿籍無所私周恤姻族矜重然諾郡屢兵火子女有掠賣者躬贖之歸其家游成均時篤志典籍尤喜輿地諸書取天下阨塞險易戶口豐耗兵制强弱及土田水利人物風俗皆了了心口間舉以訓其子曰學者當求有用豈可僅事呫嗶爲故次子御史豹文起家進士有風績爲

名臣諸弟子服習家教亦咸有古人風其室封孺人朱氏節儉匾畫卒成其孝友之志大傅金之俊贊曰置大觀于孝友儒林傳未知誰堪伯仲者置孺人于列女淑行傳亦未知誰相宛若也

俞有章字紀方號易菴其先上虞百官人五世祖移居郡城廣寧橋遂爲會稽人父一理宜府經歷早卒有章事繼母甚孝謹爲文清勁不宗[illegible][illegible]順治丙戌以錢塘弟子員舉于鄉乙未會試副榜以母老謁選授淮安府推官迎其母曰兒可以沽水

供裁冗矣禁剔漕弊决滯獄以卓異陞禮部主事轉員外與定大典尋丁母艱哀毁歸塟幾茂卒

姜天樞字紫環宗伯逢元長子由餘姚家會稽補弟子員遊南雍兩試副榜乃以任子歷官都水郎中督理北河時亢旱河竭漕艘愆期天樞相度輝縣栅刀泉堪引濟漕急請總河按蘓門天樞躬自啟閘甫三板河流湧發重艘遂行由是議設分司一官專轄濟運而栅刀泉爲衛輝一郡水田所賴當啟板時輝民大譁幾釀不測乃日不移晷流泉

如故衆始怗息歲饑發賑入戒之曰賑饑非職任越俎爲之毋爲人所嫉耶大樞曰不聞汲長孺會慮及此後以公事駐館驛適有權貴至天樞不少讓因羅他事下於理天樞係日與黃道周講讀不輟及訊無一指實釋歸以子希轍

世祖章皇帝簡擢科員會

覃恩封天樞禮科給事中所著有曉堂集年七十五將卒之夕猶作觀魚詩一章示翁延齡室錢氏與慈節儉爲女中師表享壽八十有二子希轍舉人

孫堯國學正墢教諭會孫公銓舉人

唐允思字伯文父圭見義行傳允思天性孝友篤于好學市有室遭母病即衣不解帶親侍湯藥足不履房闥者踰三載母骨已寒尚抱持不釋淚盡繼血幾于滅性歲時伏臘念及父母輒滂泗交下終身如一日也爲文有法度食餼二十餘年教授蕺園及門成名者數十餘人羣奉爲蕺園夫子丙戌舉于鄉蕺園制義舉世推爲準則生平慎交友不欺然諾有客因如厠失橐金欲主者懸償主甯

死而已或勸客巳之客有死而已允思路遣之卽捐所有以助之而去至遇歲歉允思量口授食其好施類如此寇警創城守匆泒窮民其經濟類如此推宅讓産友愛之情不變于終始忠孝廉節課子之誠無間于平時謁選得縣令欽州慶符之命甫下而允思巳易簀矣著有周易傳義詩經圖解行世子四賡堯壬辰成進士所至有廉聲奉　使督學山左丕變士風力袪情面所振拔者皆一時孤寒齊魯人士翕然推服爲文宗之冠允思教子

之心已見一理云

魯元錫字晉侯崇禎丙子科鄉武舉明時有功世襲錦衣衛髫年未娶侍母至孝母病危篤公衣不解帶湯藥必親嘗始進禱天願以身代母病即痊鄉黨稱其純孝甲申遭李賊之變爲賊所執不屈氣節激昂賊意不加害以全名節後即携眷歸里又値鄉梓水旱交荒餓殍滿道元錫易產賑救活命無計逼邑稱其好義暇時惟課子讀書以子趙貴顯會

覃恩封元錫奉政大夫癸亥崇祀鄉賢

會稽縣志卷第二十四

人物志三

理學　儒林

理學前史儒林傳府志曰理學

姚江之傳上接鄒魯則自漢而後理學之風獨盛於越也然自文成公而前會稽猶有傳人自文成公而後會稽猶有傳人至蕺山夫子設講席於邑中名其堂曰證人四方之士從而服其教者數十年迄今諸弟子守其規條猶以月朔三日相聚而

考業其中非有至德及人何以能此要其立教以誠意爲本始與良知之旨相發明云

元韓性字明善魏公琦八世孫高祖膺胄始家于越性天資警敏七歲讀書數行俱下日記萬言九歲通小戴禮作大義操筆立就文意蒼古老宿驚異及長博綜羣書尤明性理之學四方學者輻輳其門延祐初以科舉取士學者多以文法爲請性語之曰今之貢舉悉本朱熹私議爲貢舉之文不知朱氏之學可乎四書六經千載不傳之學自程氏

至朱氏發明無餘蘊矣顧力行何如爾有德者必
有言施之場屋直其末事豈有他法哉其指授不
爲甚高論而義理自融見人有一善必爲之延譽
及辨析是非則毅然不可犯出無輿馬僕御所過
負者息肩行者避道巷夫街叟至于童稚厮役咸
稱之曰韓先生韓先生云辟薦皆不就務自韜晦
縉紳大夫有事于越者必先造其廬得所論述即
以爲準繩天曆中門人李齊爲御史力舉其行義
而性已卒矣時年七十有六朝廷賜謚莊節先生

所著有禮記說四卷詩音釋一卷書辯疑一卷郡志八卷文集十二卷

明胡謐字廷慎景泰間鄉試第一登進士歷山西提學僉事第士等如列黑白士類頓興毀諸淫祠增祀陶唐羲氏和氏以下十餘人遷副使風采益振郡民李鐸聚衆爲亂計擒之調河南建大梁書院祀濂溪以下十二人尋擢廣東參政而卒謐爲人頓斂嗜學動必師古歷官三十年室如懸罄怡然自若人稱爲眞儒其子恩亦舉進士登仕十五年而

丁父母憂哀毁踰制終刑部主事孝友廉介克世其家

季本字明德少受春秋于其兄本遂以經名諸生中弱冠舉于鄉尋丁父母憂自是家居者十二年未嘗一日釋卷于書無所不讀每讀一書必竟其顛末乃已已而師事新建獲聞良知之旨乃悉悔其舊學而一意于六經潛心體究久之旣浸溢懼學者騖于空虛則欲身挽其敝著書數百萬言大都精考索務實踐以究新建未發之緒歷仕與處從

游者數百人時講學者多以自然爲宗而厭拘檢因爲龍惕説以反之大都以龍喻心以龍之驚惕而主變化喻心之主宰常惺惺其要歸乎自然而用功則有所先間以質諸同志或然或否卒自信其説不爲動始以進士理建寧務在平反無成心及名爲御史以言事謫升沅者二十年止長沙守其爲政急大節畧小嫌絶不知有世情卒以是齟齬而歸歸二十餘年家徒四壁五借居禪林以著書談道爲樂卒之年七十有九矣疾且革猶進門

人于楊前講易學學如平居時其爲人表裏洞達無城府人人樂親之殁既十餘年而鄉人士益思慕不已相與建祠禹蹟寺西林顔曰景賢又買田若干畝以供祭祀所著書十一種廟制考義春秋私考讀禮疑圖四書私存孔孟圖譜樂律纂要律吕别書蓍法别傳說理會編詩說解頤學易四同凡百二十卷藏祠中曾孫壙以明經任大名同知文章政事具有可觀不愧祖風

陶望齡字周望號石簣宗伯承學第三子母董氏

夢雀唳于庭而生望齡萬曆癸酉以第二人舉于鄉己丑會試第一人廷對第三人授編修讀書秘館專致力于聖賢之學辛卯予告南還與弟奭齡終日論學寒暑弗輟甲午補原職預修國史撰開國功臣傳乙未分校禮闈得湯賓尹十有九人皆知名士亡何復請告返里與剡溪周汝登往來靡間每自指脣曰吾此中終未穩讀方山新論手足忭舞趨語奭齡曰吾從前真自生退屈矣戊申丁父艱服闋奉母北上補中允撰制誥陞侍講典試

留京得王納諫後爲名臣俄而妖書事起詞連一二大寮內廷震怒勢不可測望齡力言之當事者乃得解初黄平倩歸時握手語曰子爲喘矢吾亦從此逝矣至是歸志益切乃杜門乞骸骨報聞不允望齡曰吾小臣而見留此殊恩吾不可不仰體君心然業已許吾友矣奈何疏再上乃得請朞年復起國子監祭酒望齡力謝乃以新銜在籍戊申母病憂勞成疾相繼而卒居者室歎行者道悲僉曰某公且死吾輩無與爲善矣望齡服膺文成之

教常稱曰文成躬挺上智頓獲本心其施于用也皆日用飲食之常著明深切之教也古今道統更數千歲而天乃以濂洛還孔顏姚江還伊周非妄說也其大指具勳賢記及聖學宗傳序中所著有制草歇菴集望齡一生淡漠寡慾壬之亂繼弟夷齡子履平爲嗣望齡訃聞督學陳大綬即檄崇祀贊宮併陪祀文成之廟又祀諸虎林書院給事周宗建疏請建祠于山陰之筆飛坊稱其清眞恬淡不受滋垢學派接王文成歸鄉幷錢德洪安與其鄰

許孚遠一體予謚謚曰文簡而承學之謚恭惠也適在一郡中亦稱盛事

陶奭齡字君奭號石梁承學第四子生而近道持身制行不規而圓不矩而方爲文學日即主張正學周汝登遺之書曰願丈出而振作此會爲後來作前導爲吾道計無窮又與望齡及奭齡書曰陽明書院之會望二丈儼然臨之越中一脉難令斷絶居平惟讀書靜坐非正論格言不發也兄弟自相師友唱和一堂學者稱爲二陶萬曆癸卯舉于

鄉授吳寧學博俗甚澆作正俗訓上臺使行之風爲之易遷肇慶推官辨誣盜釋寃獄人頌爲神明左轄陸問禮以大計索無狀吏夷齡曰南陽實無必欲則無如職者且說人短長以媚人夷齡不爲也又預識陳棋之敗措置戰艦謹守要害海寇得平晉濟寧守夷齡曰陶子面孔尚堪執手板引郵官津奔走車馬舳艫之前乎馳歸不起作聖訓六條解名宗人訓之與劉宗周講學陽明祠及古小學石簣祠曰證人會宗周𤰞名夷齡致書曰願先

生安其身而後動易其心而後語徧天下實受其福若夫矜名節如鵰鶚橫秋使人望而畏之此小臣之所爲務非大臣事也宗周憮然曰此眞格人之言也爽齡又曰支拔一畏字專對考亭而發吾輩但可言致知門人王朝栻秦弘祐徐廷玠等輯爲語錄歲丙子詔京朝官各舉所知或薦爽齡劉宗周謂陶某非守令才重則正席成均輕則加銜六館庶可展其所學與上業浩金蘭合辭移吏部已而寢不行將歿之夕猶講衛風一章端然而逝

劉宗周率門人哭之私謚曰文覺所著有遷改格
喃喃錄今是堂集子履肇孫景旦世傳家學
劉宗周字啓東號念臺山陰人父坡號秦臺蚤卒
母章氏年二十七在娠五月而生宗周生而端肅
及長即以聖賢自期萬曆丁酉以會稽諸生舉于
鄉辛丑成進士榜發之日母卒于家聞訃號慟奔
歸以母節聞當事詔建坊蕺山里師事許孚遠首
致力于存天理遏人慾即中除行人司行人以祖
焯年邁疏乞終養侍祖疾四旬衣不交睫居憂日

邦君大夫不得望見顏色部使過之匿勿見而四方來學者甚衆旋以過哀致疾邑令趙士諤造寢所見幃帳百結敝衾敗絮心佩服焉服除起原官奉命封益藩上宗藩六議時顧憲成高攀龍講學東林書院羣小力爲誣詆宗周疏陳本末究言學術流弊不報南臺孫光裕攻之以病免歸居家弟子日益進講學不輟御史韓浚以按浙時就見不納劾比少正卯而歸于顧劉廷元繼之欲置之死時趙士諤入爲考功郎爲白冢宰乃免熹宗即位

陞禮曹逆璫魏忠賢用事宗周疏任九月首劾忠賢與客氏朋比亂政忠賢大怒矯旨廷杖葉向高救之未幾陞光祿丞復擢尚寶卿尋轉僕卿一歲三遷固辭不許再疏移疾乃以太僕予告明年陞左通政時忠賢盡逐諸君子宗周又疏劾忠賢大逆不法忠賢恨之詔斥譴籍爲編民追奪誥命歸家一意講學靜坐讀書頓見浩然氣象知作聖必由愼獨直揭愼獨爲心要時傳逮文震孟姚希孟及宗周獄且具會京師有王恭廠之變又値吳門

士民擊殺緹騎以此得免崇禎登極詔復原官給
遲詣命陞京兆尹上疏請重事權要以久任謁文
廟大會師儒示以聖賢爲學之要延三老嗇夫咨
地方疾苦發奸吏乾沒置之法又捕勳貴家人豪
橫不法及舞文犯禁者按治如律頒布文公四禮
俾鄉鄙服習遇中貴梨園什具責而焚之輦轂一
清又上疏撤爆米諸稅發內帑賑饑民躬自慰勞
遵化逃歸之人有以遷都動上者宗周頓足曰乘
輿動社稷危矣乃詣皇極門叩頭請面陳扶服終

日上傳旨報罷乃出又疏糾周延儒溫體仁傾側事上之罪下詔切責將解任捐羨餘置學田二百畝以給諸生凡三乞骸骨始得告出都門所攜止兩麓中貴人見而駭曰眞清官也居家大集同志會講首闡人人可爲聖人之旨以證人名堂同主會者爲陶奭齡重建古小學祀尹和靖明伊洛主敬之學明年枚卜閣臣召宗周馳傳入京疏辭不允抵京召見上謂閣臣曰如劉宗周眞可寄大政爲人所阻不果用授工部侍郎上書乞休復請會

昌平之變焚皇陵宗周上疏言禍敗之由咎在體仁上怒斥爲庶人辛巳起少宰晉左都抵京名對問職掌事宜宗周曰都御史之職在于正已以正百僚使大臣法小臣廉紀綱肅憲度一則民生安而天下化成矣遂手定憲綱以示諸御史無何熊開元姜埰之獄起宗周入朝昌言其事聲徹殿陛上震怒詔奪官歸郡之天樂鄉麻溪水通江潮爲患捐貲築茅山閘與三江閘爲表裏甲申闖賊陷都城門人告變宗周跣而號曰諸生斬我頭以謝

先帝遂荷戈出抵會城諸生及子洵從之遊告撫
軍責以誓死勤王撫軍難之稽遲時日宗周慟哭
曰此吾致命時也門人曰先生欲死此非死所遂
起謁家廟出居郭外舟中叩頭曰臣已老不能報
國願以一死明臣義遂投河中舟人掖之而起進
鳳林辭祖墓自此勺水不入口唫絕命詞曰留此
旬日死少存匡濟意決此一朝死了我平生事慷
慨與從容何難亦何易門人張應鰲在側勉之曰
學問未成全賴諸子矣六月丙戌命家人扶起幅巾

葛衣北向卧以示不忘君也越二月卒絶粒者二

十日勺水不入口者旬有三日初殯于鳳林以補

廬墓三年遷于下蔣與淑人章氏合葬焉宗周之

學以誠意爲主以静坐主敬爲下手處折衷諸儒

以上接孔孟所著有讀易圖說易衍古易抄証學

雜解儀禮經傳考次古學經古小學通紀古小學

集記聖學宗要合璧聯珠明道統錄陽明傳信錄

方正學錄選人譜人譜雜記金鑑錄保民訓要鄉

約小相編憲綱規條大學參疑鄉賢考文集年譜

皆原本性命闡明聖學有關世道人心爲宇內道學之宗子汭字伯纓補父廕自幼謙謹言動不苟及父殉節治喪畢隱居剡溪之秀峯後遇警歸坐蕺山小樓杜門謝客編輯遺書寒暑不徹終身茹荼服素鄉黨咸稱爲肖子

儒林前史文苑傳府志曰儒林

古之言者口能言黑白而無以別之儒者口能言治亂而無以行之若是乎儒之不尚乎文而會稽之文人則指不勝屈又曰佳山水之所鍾然欲如蜀之司馬相如楊雄王褒以至蘇氏父子數百年不可得何不相及哉人又曰蜀之所產或數代而一人會稽所產或一代數十人非不相及也

唐康子元開元初詔舉能治易老莊者張說以聞累擢秘書少監兼集賢侍講學士元宗東之泰山說

引子元等商裁封禪儀及還從宗正少卿以疾授

秘書監致仕

徐浩字季海擢明經有文辭爲集賢校理張說見

浩五色鴿賦嘆曰後來之英也肅宗朝授中書舍

人詔令誥策皆出其手遣辭贍速而書法至精帝

嘉之又參太上皇誥册寵絕一時授兼尚書右丞

浩建言故事有司斷獄必刑部審覆自李林甫楊

國忠當國專作威福令有司就宰相府斷事尚書

以下未省即署乖愼恤意請如故事便詔可進郡

公卒年八十贈太子少師謚曰定

嚴維字正文爲秘書郎大曆中與鄭槩裴冕徐嶷王綱等宴其園宅聯句賦詩世傳浙東唱和維有詩一卷藏秘府

宋錢易字希白先世臨安人自其父昊越王倧爲大將胡進思所廢始居會稽而立其弟俶歸朝羣從悉補官易與兄昆獨不見錄遂刻志讀書年十七舉進士以文藻知名太宗嘗與蘇易簡論唐世文人嘆時無李白易簡曰錢進士爲歌詩殆不下白

太宗驚喜曰誠然吾嘗自布衣名冠翰林再舉進士歷太常博士直集賢院上祀汾陽幸亳州命修車駕所過圖經獻宋雅一篇累官翰林學士而卒易才學敏贍文數千百言立就大字行草皆善子彥遠明逸皆以賢良方正應詔昆亦能詩善草隸舉淳化中進士歷十州治尚寬簡累官右諫議大夫以秘書監老于家宋興以來父子兄弟登制策科者錢氏一門而已

齊唐字祖之唐觀察使澣之後少貧苦學得書輒

手錄之過誦不忘郡從事魏庭堅聞士也謂唐曰今士多不讀書唐曰幸公任意以几上書令唐一誦之如何庭堅以一帙開示乃文選頭陀寺記而唐誦不遺一字庭堅大驚服登天聖八年進士嘗進龍韜豹畧賦兩應制科對策皆第一當路忌其切直復排去之後爲南雄州僉判會交趾進麒麟唐據史傳非之衆服其博物以職方員外郎致仕初鑑湖東北有山巋然與禹陵相望最爲山水奇絶處唐命其山曰少微而卜築焉所著有學苑精

英少微集各三十卷

唐默字存中博極羣書文詞高古陸農師列爲上
客尤愛其詩如詠山居云茅屋不聞雪紙窗空讀
書茗云山林謾採鎗旗信却怪枝頭雪未消禱雨
云下車應有隨車喜遙見枝頭少女風送高應彥
云莫似君家三十五來時不寄一行書

華鎮字安仁登進士官至朝奉大夫鎮博古工詩
文名冠一時嘗輯會稽覽古詩幾百餘篇山川人
物自虞夏至于宋苟可傳者皆序而詠歌之歷按

[illegible]之所[illegible]

[illegible]孫[illegible]以[illegible]

[illegible]為太常博士[illegible]

[illegible]無[illegible]錄初平余八尊號[illegible]

夜[illegible]歎光去竟憂懼卒

[illegible]喪杖曾從胡安定學名聞嘉祐治平間會[illegible]

學教館捨宅為基今學中祀孜祠存焉初[illegible]

守裴伯玉至孜便服坐堂上孜鳴鼓行[illegible]

嘆然受其罰王十朋題其祠云右軍宅化空王[illegible]

稽監家爲務士官惟有先生舊池館春風長在書[illegible]
聲中

夏泰亨字叔通九歲能屬文領鄉薦歷官翰林[illegible]
修以文雄東南所著有詩經音考矩軒文集

錢宰字子予幼好學淹貫墳典弱冠有文名至[illegible]
間以進士歸隱一時俊彥如唐之淳韓宜可[illegible]
皆出其門明太祖首以明經徵令撰功臣誥命[illegible]
[illegible]代祭孔樂章授國子監助教轉博士[illegible]
[illegible]二[illegible]命作[illegible]

口占一絕于朝房曰四鼓鼕鼕起著衣五更入朝履
尙憂遲何時得遂田園樂睡到人間飯熟時上知
其去志已决遂允其請寀嘗病近代新聲繁猥刻
濬古調擬漢魏而下諸作有臨安集行世
范躍字廷潤以從新建學卓然以古聖賢自期晚
歲所造益深家貧無旦夕儲嘯詠自若人莫能測
嘗謂人曰天下有至寶得而玩之可以忘貧作古
詩二十章歷叙道統及太極之說以自見幼孤事
母盡孝平居無戲言步趨不越尺寸里中人無老

劭皆以范聖人呼之鄉人煦煦無倨容士大夫咸樂從之遊然或以粟帛周之堅却勿受也年八十餘將屬纊猶戒其子曰我死寧薄歛毋妄受人賻以汚我其平生廉潔如此有司屢表其閭尋祀于校

胡純字惟一少從新建學天性孝友家貧無書每假抄以誦晝夜不輟自弱冠即爲塾師賴其資以奉親終其身其爲人終日齋坐不妄言笑不苟交動止必飭其教人必率以規矩歌詩習禮不徒事

章句諸弟子旦夕供使令至種藝滌浣皆欣欣任之不辭師弟子之間庶幾復見古道以故出其門者多知名士所著有雙溪稿詩禮抄酒洲志崇安志迨卒郡守洪珠高其行題其碣曰明逸士胡純墓

施鈞字則天博學能文作詩得唐人體有飲水餘味集

馬堯相字伯彝嘉靖癸卯鄉貢授金溪令縣無城堯相創建之民賴其利罷政歸終日讀書不與外

事行年九十餘未嘗廢吟誦會稽舊無志堯相手艸之與樂會令金階共相攷訂書未鐫太史張元忭得之屬徐渭編摩會稽之志人知成于渭而廣蒐輯使舊事不致湮廢堯相階與有力焉

徐渭字文長號天池甫髫年穎異過人及補弟子員縉紳或以其駘蕩鮮契合者喜作古文詞觸筆而成會浙督少保胡宗憲以長至日獲白鹿於寧波定海間期以表進渭爲繕艸雅而確世宗覽之大悅眷隆少保而少保始重渭由是聲望籍籍矣

少保居督府體嚴峻諸將吏望之懾息渭一以賓體自重戴敝冠衣澣衣縱談天下事督府以其知兵延之幕中計設間諜誘致王徐諸寇瀕海得安每出幕狂飲雖夜深必啟戟門以待久而彌重及督府下請室渭感知己鬱鬱得狂疾嘗以錐刺耳入數寸後擊殺所續妻入獄法當死太史張元忭救解竟出獄遂恣遊天下山川酒酣耳熱輒爲狂歌旁若無人而意愈豪文愈放自京邸歸鍵戶不見一人獨挾一犬與居絕穀食者十稔或詰之曰

吾食穀久偶棄去耳庸何傷嗣是貧滋甚多作詩文書畫鬻以自給棲敝椽藉藁而寢視世無足當意者十年內僅於張元忭處出一哭其他絕跡焉年七十三卒渭貌修偉音如鶴唳中夜嘯呼群鶴應之讀書有深思自謂得力於莊列子及素問參同契世亦謂其能貫穿經史融以己意同郡陶望齡云文有矩度詩尤深奧往往精於法而畧於貌楚袁宏道則曰胸中一段不可磨滅之氣皆英雄失路投足無門之悲故其詩如嗔如笑如水鳴峽

如鍾出土如寡婦之夜哭如羈人之寒起當其放意平嗃千里偶爾幽峭鬼語孤墳此可謂確評矣嘗自評吾書第一詩二文三畫四識者許之纂會稽邑志雖得之邑人馬堯相而特爲編摩加以列傳今與其所著並傳所著有文長集闕編櫻桃館集註莊子内篇參同契黄帝素問郭璞葬書四聲猿逸稿四書解首楞嚴經解與董懋策合評李長吉詩

董懋策字撥仲文簡玘之曾孫得家學眞傳精於

易理學者稱爲日鑄先生設帳於蕺山之陽受徒講業四方從遊者歲踰數百人學舍不足皆僦屋而居其月旦總課必糊名易書列以等第時人比之白鹿書院遊成均大司成馮夢禎奇之待以國士與雲間張以誠齊名兄懋吏翁懋中皆相繼登第而策獨不售太史陶望齡致書曰望齡倖成是雍齒且侯也兄何慮焉亡幾病卒其友提學副使張汝霖爲之私謚置祠因作號曰嗚呼吾友揆仲以癸丑正月之二十六日卒於正寢其年子凡三

百數十人相與啟手足而哭之盡哀跣而出泣相持而語曰存不願豐沒無求贈此吾夫子所爲全而歸者也若乃表其遺行宜其隱貞夫非吾弟子邪僉曰願惟力是視以光夫子於是奔號四境觀者慘然乃相戴之巔謀置祠焉曰此吾夫子所聲鐸章教之地也相嵩峯之陽謀置塚焉封樹期必親曰此吾夫子所手定之壤也既向余哭而謀私謚之日知管者唯鮑非子邪誰當謚夫子者余哭失聲曰吾授仲勁姿外卓慧心內朗生邪闕而彌

恭歷困場而能泰千秋經術一代人師居恒愉如以退自命而談經綸事注若懸河累擊隃鏠百往不折嗚呼使効用當世其必侃侃能風裁者矣而僅乃嶽嶽一經惜哉按謚法寬和令終曰靖執一不遷曰介宜私謚曰靖介先生衆又哭相拜而置旌焉嗚呼孔北海屣履造邑請爲康成特立一鄉曰鄭公鄉侯芭負土爲其師揚雄作墳號曰元冢孔子之墓樹數百皆異種人傳其弟子各持其國樹種之揆仲兼致焉難矣嗚呼鄭鄉塋元楊冢規恢

參差孔樹實實枚枚生不響欒而没有餘哀非昔吾友孰得之哉其著述甚富惟大易床頭私錄大學中庸講意二書其任暹[illegible]齋集行世藝林寶之

章穎字南洲生而英偉長而攻苦肆力于經術爲易名家越中以易顯制科者多出其門而周應中陶望齡爲最著後先相從者千餘人而徐文貞申文定皆爭延以課其子[illegible]性嗜酒每講授畢輒飲飲輒醉然飲中唯高談古昔稱經史及當世人物一段剛腸正氣得之天授當其發揚蹈厲一往而

前能令千人辟易雖王公晉楚莫能禦之故嘗自言曰使予得志楊忠愍事業不足多也又曰吾平生嫉惡太嚴然人有片長輒誦不啻口晚年家居族有游手博塞冶歌而聞詈者必匿避之郎不及避其人必負荊來歸悔罪乃去俗幾一變仲子爲漢舉于鄉爲名邑宰女要劉坡宗周其外孫也宗周嘗病目經史皆穎口授及宗周舉于鄉穎猶以少年登第爲不幸宗周嚮日師道之重于世久矣語曰師道立而善人多先生早傳謝循齋易學機

筵間不須臾離也甘貧攻苦書田之外一無所鋤訓子之言曰趙清獻以告天自質司馬君實以告人自信以生平無違心之事也吾嘗師之又曰謹身節財以養父母他日服官臨民自然不苟末復贊曰明德之旨闡于盱江吾猶及見之以余觀霞川先生口不言學而尊力行不取虛悟教先于妻子絕不爲私利不待昌其後而所得已大是明明德者不媿也後子期生舉崇禎癸酉鄉試歷官淮安知府瑞生才而隱逸孫艮櫝順治戊戌進士艮

櫹康熙丙午武舉皆其德所致云所著有四書發明及左氏國語檀弓國策評鈔諸子評鈔綱目評鈔門人私謚曰清成先生

姚允莊字泰履萬曆癸卯舉于鄉令沅江多惠政陞六安守秩滿當擢辭職歸俸囊不及中人角巾野服翛然自得與劉宗周陶奭齡爲講學友允莊以年長居首坐甲申聞變憂憤病卒劉宗周爲文祭之其畧曰吾黨之待先生而興起者豈其微哉而今乃有以知先生矣先生語不落言詮故無单

提之病行不依轍迹故無倚傍之途不求信于人而人自信一禀其天懷之曠然以自得君子以爲近于聖人之誠也而道在是矣今先生已不我待悵老成之日逝彌切典型之思撫絳帳之虚懸尤洒同人之淚其生平德行爲世所推重如此

陶履平字水若號曙齋爽齡子繼望齡爲後少時即從父講學陽明書院闡明性道長而好學博通群籍游南雍望齡門下士爭先饋遺皆堅辭不受有欲爲其鄉舉地者慨然曰文章自有真遇合奚

可強也遂不與試而歸絕意進取專精著書增補字彙註解五經考訂詩餘纂白居易之爲人故其詩近之而古風尤勝年七十餘手編先人遺稿未嘗釋卷病革之日手書一絕遺其子曰操觚當此際微嗜不留餘遙想趨無恤三年讀父書遂卒聞者泣相爲曰失我典型

陸曾暈字章之夢斗曾孫少失父及壯有室冬夜必侍母寢不少離遇兄弟甚友愛喜讀書肘着盧案爲之穿背誦史記自首卷至終篇不失一字

示門人曰對人始檢身必不能檢身開卷始讀書必不能讀書握管始作文必不能作文歲饑疫作爲集醫療視沒則殮瘞之其爲文句字皆鑪冶而出顧甚自惜少不當意輒毁非所欲必固拒將殁之前十日命子出所纂文排雙炬爇薪坐而自剔其句字又摘去五文焚之其所存者有詩學內傳三十二卷外傳二十卷編春秋所見所聞所傳聞三卷集史自盤古氏迄明曰簡要錄彙諸史考定綱目曰綱目參同尤精于字學博採諸家作字原

晚更留意象緯作闕天錄凡所手鈔書計丈有五尺所譔古文詩賦成編共十卷

馬權奇字巽倩幼負奇氣受易董中峯玘曾孫懋策門下事母極孝辛未成進士授工部主事司琉璃廠與閹宦相抵捂爲所中後事白得釋家素貧復不能事家人產業惟飲酒讀書手丹鉛不輟國變避兵死于田間所著有易經解詩經誌麟經誌老子解名臣言行錄諸書

謝士敬字德輿郡同知啟廷季子生而穎異讀書

一日十行九齡即徧讀五經子史啟廷不許其踈
進十七始出應試督學洪承疇首拔冠場隨任莒
父有登譽御史謝三賓以徵餉啣啟廷士敬私上
書反覆萬餘言洞晰利害御史見之驚曰有子如
此天下才也遂與啟廷定交後父喪雞骨支牀人
稱至孝有舊雨齋集數十卷藏于家
章重字爰發敦睦孝友以文章名世素爲陶望齡
劉宗周所器重崇禎丁丑成進士授福安令多善
政創龜湖書院以勵學者撫按交章薦調福清以

病卒于官

王紹美字子璵少英俊每試輒冠多士聚徒講授嘗曰聖賢語言當下可以領會何須向人牙後另覓古人生面耶崇禎癸酉舉于鄉庚辰成進士授肇慶府推官不事刑威不爲表暴而出寃獄御廠羨論者謂有投杯棄硯之風其生平仁孝視兄弟友朋如一身迨去官後家無留物至不能具棺殮弟紹蘭丙子舉人有悔菴合稿行世子有説中乙卯舉人爲太史徐秉義垣中王垓所得士聲名甫

好氣誼惜早卒不竟其用手錄詩文盈數尺筆畫精妙爲世所珍配朱錫元女事姑撫孤備嘗艱苦

童汝槐字德符七歲能文十四補弟子員誠心教授及門多高弟捷高官登庠常者數人性孝友戊子遭寇亂兄被寇擒汝槐匍匐奔救願以身代寇義而均釋之又有姻黨以萬金相寄事平悉返其主纖毫不爽子煒甲午舉於順天兩任學博迎養署中汝槐著有詩文盈數十帙河洛理數黃鍾大呂解更爲精確庚戌煒成進士有文名居官有廉

聲孫嘉誠嘉讓曾孫鎮雅鎮藩皆以詩書世其家

董念堅字未庵文簡中峯五世大宗孫幼喪毋事父至孝昆弟八人終身無間言博極經史不屑屑於應制之文隨祖任之江右與陳艾羅章四先生交配太史陶望齡孫女司李陶履平女相從講學深得性命之理履平嘗謂人曰以吾館甥爲顧問之臣必能爲朝廷斷大事決大疑也誠意伯劉孔昭薦舉兵部贊畫堅辭不赴隱居自樂庶弟病倚藥必以口哺之其友愛多如此遂遘疾孫志濬世

服以進悔然曰予已知之矣視死如歸聖人抑我儒者也豈久戀於世哉拱手而逝所著詩文爲人所爭傳存諸家者有謂王丈成詩劉蕺山弟子張應鰲輓詩即用原韻

張應鰲字奠夫邑諸生會蕺山講學證人遠近造請無虛日然少許可得納拜稱弟子者惟應鰲與蕭山來番而已蕺山赴鉛召延於家訓諸孫古小學落成命與孝廉海昌祝淵諸生周之璿肄業其中嘗語二子曰及門之上不失吾學之正者奠

夫一人甲申變後蕺山首陽抗節咸謂事或可爲
幸爲國自愛鰲大聲曰人臣分義自當一决蕺山
邇其言遂攜手訣曰學問未成全賴諸子嗚呼厥
後白馬巖居王門泠然池諸講席胥鞠爲茂草唯
城南小學一片地歷三十餘年所計四百餘會會
各有記餼羊去而復存鰲之力也及年踰八旬瓶
無脫粟祁寒暑雨日行十餘里不輟講勸問嘶扶
獎後進誠有刻刻不忍去諸懷者鰲之父九十歲
翁蕺山贊其像曰最哉後之人兮治可憑曰一爲

要學聖之程憶若應鰲者可謂不負師承者矣學問之粹精見自記會語及四書頌解所著甚多藏於家

田自遠字子耕補弟子員梗槩自持與龔孫華爲莫逆交事毋至孝每遇佳節必侍左右以承一日之歡雖良友苦邀不赴也設教五十載終身無失德後起多所造就鄉黨奉爲儒宗

方炳字文虎爲文多奇氣弱冠補弟子員嘗謂友人曰吾儒讀書不能置身兩廡雖位列三公非吾

願也著有孝經集註詩經解姜兆驊沈應銑輩皆出其門年五十餘夫婦相繼而逝聞者爲之太息同時有潘泰炳之密友也亦早卒

姜廷梧字桐音司農一洪季子弱冠能文陳子龍李越郡甚相器重司農死絕意仕進以高文遠韻相酬酢將卒之前夕尚賦長律二十餘篇所著有待刪初集芳樹齋集行世全集十二卷藏于家

徐奇字而法嚴凝不苟學有淵源受業劉宗周之門以明經任仙居訓導所著有大易卦義聖學宗

傳集要聖學詠和篇五倫志古篇歷代史論名賢論理學存書行世子師仁亦劉子門人著有鑑湄集

章綿祚字世楨性醇謹孝友髫年有聲黌序旋食餼己酉擬鄉薦不售貢太學年六十餘猶勵志讀書癸亥秋病篤不能語猶書安靜二字且指天指心明以天理人心垂訓而逝時年七十

會稽縣志卷第二十五

人物志四

忠節　孝義

忠節

今夫以赴湯火冒白刃之事語人曰爾爲之則善不爲則下愚不肖而不得齒於人必無有聽之者忽一人赴之衆必相顧而駭將救之若再一人赴之且冒之則顧者異於前若數人爭赴之且爭冒之則人或知身命之有不必甚惜而義有所甚重

也是以忠烈成於性者也苟其鄉有純忠奇節之臣大彰其義斯非一人事矣

宋張宇發字叔光舉進士靖康初爲都官員外郎金人再犯闕詭執和議要大臣宣諭兩河上以命聶昌耿南仲皆辭惟陳過庭請行于是宇發爲副拜徽猷待制兩人銜命金人中變鑾駕北征遂被縶迄數年聲聞阻絕後洪皓還自金言宇發殁于雲中見其櫬旅寄荒寺攜至燕山授僕人徐禹功使葬焉因再疏請褒贈秦檜沮之檜死皓子遵復請

詔贈左朝請大夫職賜如故官其子孫焉

唐琦本衛士建炎間高宗航海琦病留越州李鄴以城降金人琶八守之琦袖石伏道旁伺其出擊之不中被執琶八詰之琦曰欲碎爾首死爲趙氏鬼耳琶八曰使人人如此趙氏豈至是哉又問曰李鄴爲帥尚以城降汝何人敢爾琦曰鄴爲臣不忠吾恨不得手刃之尚何言斯人爲乃顧鄴曰我月給才石五斗米不肯背其主爾享國厚恩乃若此豈復齒人類哉詬罵不少屈琶八趣殺之至死

不絕口事聞詔爲立廟賜名旌忠

唐震字景實少居鄉介然不苟交有言其過者輒喜既登第有權貴者擬牒薦之以示震震納之篋中既又干震以事震手還其牒封題如故其人大愧咸淳中由大理司直判臨安府是時潛說友尹京倚賈似道驕蹇亂政震每矯正之時江東大旱擢知信州震奏減綱運米蠲其租賦令坊置一吏籍其戶口勸富人分粟使坊吏主給之所活無算州有民傭童牧牛童逸而牧舍火其父訟傭者殺

其子投火中民不勝掠自誣服震視牘疑之密物
色得童名父詰示之獄遂直擢江西提刑過闕陛
辭賈似道以類田屬震震謝不能行至部又以疏
力爭之趙氏有守阡僧甚暴横震遣吏捕治似道
以書營救震卒按以法似道怒使侍御史陳堅劾
去之咸淳十年起震饒州時興國南康江州諸郡
皆已附元兵畧饒震發州民城守上書求援不報
元遣使説降通判萬道同勸從之震叱曰我偷生
負國耶立斬元使堅守不下明年春元軍大至城

中食且盡都提舉鄧益宵遁震盡出官錢募人出戰莫有應者城遂潰元兵入執震署降震奮罵曰我恨力寡不能盡殺爾賊乃降爾耶遂與其兄椿及家人俱遇害張世傑復饒州判官郞宗節求震屍以葬贈華文閣待制謚文介立廟賜額褒忠官其二子

元裘廷舉居雲門至正末兵亂與姪近忠團結其鄉斬木爲鹿角置寨駐日嶺內設強弩聚民守之敵至屢爲所傷後夾攻之遂破近忠遇害廷舉妻子

皆被執

明謝澤字時用上虞人贅會稽余貫張氏因家霄萋村永樂戊戌進士授刑部主事歷郎中在職推立法意愼持不刻同列服其詳雅會戶部侍郎周忱經畧東南運賦薦澤爲巳副居淮浙數年勞績茂著出爲廣西右叅政佐柳侯招撫全活者以萬計當是時澤與甄完胡智皆以藩憲有聲人稱越中三良云正統十四年邊方戒嚴朝廷擇才望守要害貴臣有受命者巧爲規避而澤以九載考績待

除闕下遂拜澤通政使提督居庸白洋等關是時駕已北狩京師軍伍空虛澤单騎以往其子某送之出境執其手與之訣曰吾必死報國矣既抵關士卒方散亂又不知通政爲何官無一人出迎者澤乃宣勑旨集將士將士乃稍稍至然皆恇怯不振頃之敵大入吏卒皆散走獨澤猶率羸卒殿山口且拒且却或請移他關姑避其鋒可無虞澤曰吾受國厚恩二十年此豈偷生日耶會風起沙塵漲天人馬不能辨遂得郄走入關南佛寺中門急

猝不暇閉敵突至澤端立厲聲叱之遂遇害其僮曰由吉者抱澤尸匿亂尸中始得歸朝廷嘉其忠詔賜葬祭録用其子儼大理評事會孫元順正德丁丑進士終工部郎中

沈鍊字純甫生平慷慨有大志復雄于文下筆輒萬言嘉靖戊戌進士知溧陽治大畧倣敵覇論大豪抵死因再抗臺使其屬尉贓墨錮之尉又自經鍊遂三徙終不少變爲令久不得調時相知其才稍移錦衣幕會邉事集廷議鍊昌言敵入由栢嵩

父子廷訴之已而復上書數其罪詔杖鍊徙置保安時鎮臣匿敗以捷聞得賞方宴會諸寮稱賀鍊以詩大書遺之云殺生獻馘古來無解道功成萬骨枯白艸黃沙風雨夜冤魂多少覓頭顱鎮臣大銜之已又刻木為秦檜日令人捶射作射虎行籌邊賦譏刺時事無虚日而邊人慕鍊忠義多附之者鍊乃招流亡倡城守為禦邊計敵聞鍊兵輒相戒勿近於是鎮臣與相嵩搆鍊將為亂鍊遂被刑幷戮其子襄隆慶初詔贈鍊光祿少卿錄其子襄

襄讓其弟且上書訟父冤鎮臣坐欺越五年臺使
令有司祠祀之鍊所著書悉亡于逮時今僅存青
霞集

陸夢龍號景鄴萬曆庚戌進士授刑曹梃擊事起
少司寇張問達問處法夢龍曰暫張差數寺人法
止矣竟以此結案歷九江道川貴總督蔡復一以
其才俾監黔師調偏沅至貴陽總督委點軍清黔
兵虛冒可萬人賊犯普定巡方檄議事命渡河探
賊發總兵黄鉞兵三千人俱曉行霧作詗者言賊

甚衆夢龍登蔣義塞小山顧從人曰日將高霧薄賊見我虛實則危矣命鉞率兵擊賊無應者乃麾部將王偉王籓吳家相等八人并鉞帳下郭千斤林汝弘共擊賊賊將奔夢龍率僕二人及胥一人大喊馳下家相曰賊易殺請益兵夢龍復登山揮刀砍士使前衆乃拔寨起賊大奔潰丙寅三山苗叛思州告急夢龍率兵抵思州問太守胡楠曰聞君設獅子哨去賊巢幾里曰二十里夢龍即策馬行夜至哨語哨長向騰龍曰速擣巢騰龍大驚曰

泣且止夢龍手令旗授中軍吳家相曰將士不進者砍之家相請飯而行夢龍曰破賊會食一軍愕然夢龍攀鞍上馬過買角山山峻險左右皆叢篁徑不容尺陂若刼灰馬陷繼以步夢龍攀援而上家相請暫止不聽促家相入賊巢奪苗兵鼓亂撾呼曰陸監軍大兵至矣賊亂奔死者以筭家相火其巢上功督府奉旨紀錄丁卯入粵閩諸司糾監軍建魏璫祠夢龍不肯與併中風而歸庚午起兗東道署篆東平以奇兵襲殺巨盜陳善等兗西平

亾何調陝西固原道賊自豫入秦以甲戌五月犯固原七月入靜寧州夢龍督師堵截賊遁去至八月犯隆德非夢龍所轄地聞報怒曰賊敢若此乎引兵疾赴知賊營老虎潭僅千人夢龍檄別將賀奇勳石崇德爲犄角身率三百人窺老虎潭及至而賊已三四萬矣夢龍欲趨高自固待所檄兵而賊伏發矢雨下有卒大呼且走夢龍立斬之命發炮炮焠自擊賊乘勝蝟集圍數重賀石二將突圍戰歿夢龍大呼手刃數賊馳賊圍不得出遂遇害

時崇禎七年閏八月朔也越三日得遺骸于戰所面中刀一髮際中刀四頸中矢一右臂中矢二鏃俱入骨雨洗血淨貌如生疏聞贈太僕寺卿子廕給祭葬

陳孔教號魯生萬曆壬子鄉試第二謁選得南雍學正累陞川南道方莅任獻賊破會城孔教督所部奮勇堵禦力竭被擒罵賊不絕口而死先是以一匕首授其配孔曰賊勢急我此行不利必殺身報主爾爲命婦謹藏此器有變即自刭毋爲賊污

孔坐卧佩之孔教殉難計至子以衡紿毋南竄匿不以聞踰年孔氏偶詣以衡書室見丘憲周夢尹顧請孔教盡節應郵一疏讀畢哀號頓地罵以衡汝父死已二載我尚偷生不肖子使我無顏見汝父地下即引孔教所遺匕首斷喉自盡死後數日猶凜凜如生當道旌其一門節烈

金應元號堯門萬曆辛酉舉順天鄉試任太湖令爲人質直居官循循守法愛民如子崇禎九年流寇至縣縣土城不能守應元公服坐堂上不屈死

事聞贈光祿寺丞廕一子孫兆嘉九歲同死

倪元璐字玉汝上虞人籍會稽年十七舉於鄉天啓壬戌成進士改庶吉士授編修時逆璫竊柄朝士風靡元璐介然獨立崇禎改元璫伏誅孽小猶踞津要淆亂是非元璐抗章辨邪正糾楊維垣黨逆宜斥三朝要典誣善宜毀國是始定遷諭德供日講陳制實制虛十六策斥輔臣不能引咎懷恥秉忠絶欺柄臣深憾之及遷祭酒中以家事罷歸十五年寇益熾詔起兵部右侍郎疏辭會京師戒

巖遂毀家募士仗劍至淮欲率勤王兵而北不時至乃將數十騎衝險入都上異之卽日召見元璐陳彼巳情形勦寇方畧甚悉上嘉悅補日講時中外想望風采陳演居首揆慮元璐一旦至密勿形巳因進曰天下不治由兵農不合合則必治上然之擢元璐戶部尚書馮元飈兵部尚書元璐奏司計本謀一曰實做一曰大做一曰正做退而請邊儲合三餉折上供更鹽法生節並舉天下便之時上方任中官遣王坤督催起運孫元德採買桑穰

元璐復以驛騷聞左請收成命上爲反汗時又盛議開採元璐言自神廟時礦使爲禍海内寃痛今所在盜起羣心動摇臣誠不敢奉命不納于是執政宦官交嫉之乘間言詞言不任錢穀勸上輟還講幄上難之已而詔計臣元璐以原官供講名而不姓蓋異數示意爰立也甲申二月講生財有大道上疑諷切詰曰今邊餉匱絀生衆爲疾作何理會元璐徐曰聖明經權互用臣儒者惟知藏富於民亦不謝翼日上悔之召輔臣諭曰講筵有問難

無詰責昨日偶爾朕之過也傳諭講臣啟沃如故其禮遇如此賊入秦申河防三議請東宮撫軍而南不聽三月十九日都城陷束帶向闕北謝天子南謝母舉酒酹關壯繆繪容亦自浮三白出就廳事援筆題棐几曰南都尚可爲死吾分也勿以衣衾斂暴我尸聊志我痛遂南面坐自經而絶賊至問公安在則陳尸於堂嘆息呼忠臣而去南都立國贈特進光祿大夫太保吏部尚書謚文正予祭葬祠廕順治九年

尚江東徵辟不起人稱爲二難云　康熙四十一年奉　院　司府行文縣令張聯星捐俸刊補

余煌號武貞自幼有大志舉止端重金堂王開陽一見器之曰此兒他日必大魁天下因以女之予韓妻之性喜讀書無事卽稽古博覽羣集廿一史逐一丹鉛半字不苟嘗曰昔程明道看史不蹉過一字吾輩讀書必細心鑽研方有得處天啓乙丑廷對第一授修撰崇禎辛未丁母艱哀毀盡孝事父嚴敬晨昏唯諾未嘗以貴故失人子禮丁丑名

入轉左春坊時連歲旱饑悉蠲積逋而有司帶徵
如故煌在經筵極言其事遂命侍御史一員巡行
申飭民間歡呼稱便又疏正文體禁闈試用諸子
語由是士風丕變彬彬多通經術者戊寅以省親
歸譚及時政輒慷慨流涕不能已三江閘爲越城
咽喉民所恃以生者歲久傾圮長吏以工費浩繁
咸坐視嗟嘆煌創議修復記載水利志山陰天鄉
田瀕于大江自昔潮水爲患耕種不時煌又力任
其事建閘獺山之麓橫截江流啓閉有法始變瀉

鹵爲沃土居民德之立祠閘上國變後自沉下渡
東橋下郡人祀之橋左
章尚絅號闇然幼失怙恃事祖以孝聞讓産建祠
酌定祭儀宗族賴之以國學生歷官秦藩左長史
晉階中憲大夫更三王册立大典一出裁請崇禎
癸未李賊陷城尚絅自縊于秦藩端禮門崇禎十
七年臺臣霍達科臣章正宸疏聞奉旨贈按察司
副使予廕賜祭葬建祠康熙三年陜西巡撫賈漢
復纂入全秦通志祀名宦

姚士鎮號玉衡居家篤于孝友而博學有大志以成均任楚藩左長史時宗室驕恣流寇縱橫藩憂之召諸臣熟籌士鎮慷慨條奏藩嘉納之按策舉行以故宗室知有檢束寇雖數警境內寧輯有寧當烈風莫值姚公之謠事聞優旨嘉奬無何楚藩第三子鑑利王薨無嫡嗣有不當立者賂士鎮十萬金議晉階三級求爲後士鎮不受執議爾堅因而召飲置毒諸醫不治謂非原置毒人不解士鎮不問惟語右長史曰厚資崇階人誰不欲然欺朝

廷得汚名孰若守義死官遺淸白于子孫也語畢

遂卒王思任贊曰格之不來麾之不去社稷之臣

公庶幾焉

馬驄字昆白由萬曆戊午武舉三科中式初任通

州守備歷陞登州參將崇禎間寇亂攻登城驄鍊

兵力拒彌月食盡援師不至驄潰圍出血戰被創

者十有六縛之要降不屈死兵退之日値盛暑而

色如生有司殮之眷屬死者殆盡事聞賜祭一壇

廕一子錦衣衛小旗

章贊化號素完由吏員授四川江油縣尉縣治無城崇禎十六年流寇將至縣尹入山以避贊化官服坐縣堂家僮迫之使去贊化按劍欲刃其僕曰我奉朝命守土何得擅離賊鄉道至俱縣民素服贊化清正不忍害勸去不從賊大至脇降贊化不屈至浮橋躍水而死至今立廟歲祀

王毓蓍字元趾郡庠生素以節義自命聞變遺書劉宗周曰願先生早自決毋爲王炎午所弔遂服衣冠赴柳橋下端坐而死有絕命詞郡人祀之渡

東橋左

潘集字子翔讀書有氣節聞王鈲著死爲文哭之遂投渡東橋河下死祀于橋左董瑒改葬集于謝墅官山與并其本生母合葬焉置祭田一畝九分嗣子名思忠

周卜年字定夫儒士赴水死祀渡東橋左

高岱號白浦瀝海所軍衛胄子幼孤兄承海早逝岱以館穀奉母并贍嫂及姪孝友聞遠近兼有文望崇禎庚午舉順天鄉試甲申聞變岱家居鷲號

呼二子澄朗訣曰予世受國恩愧無以報當以死
殉輿櫬中堂絕食待斃二子侍側少進泉水旋水
內雜以參并絕不飲旬餘竟成其志與劉宗周同
時殉節子朗字子亮邑庠生拜父前曰大人教子
何爲國家養士何爲朗願隨父以殉兄澄爭之曰
予長子當隨父弟次子當養母朗應聲曰殉父易
養母難遂疾走沉偏江漁舟獲屍面目如生與父
俎並祀于渡東橋左

葉汝楨字衡生崇禎庚午舉人聞變與妻丁氏同

赴水死

傳曰炯字中黄號紫渚邑弟子員生平慷慨負奇節國變時縗絰辭祖廟作致命詞二首赴水死次日危坐石上衣冠整如從弟商霖字天賚聞炯死歎曰後之哉奈何堅以餓殉十餘日水漿不入口而逝有絕命歌一章

章有功素知兵由將材任雲南都司從朱燮元征安邦彦積功至都督守紅邊十餘年苗民傾服王事勤勞患病予告卒賜祭塟廕綿與衛世襲指揮

使

曾齡字曾唯武舉歷官叅將與錢塘顧咸建同死

皇清章德英任神木縣典史值寇亂奮不顧身殉城死

順治九年賜祭一壇

徐必遇字杰吾幼聰穎性孝友順治年任泰興簿

兵叛率衆出禦戰没妻姚氏攜五歲女泣覔旬日

方獲遺骨巡撫趙福星疏聞贈徵仕郎賜祭蔭一

子

吳錫綬字紫卿生有異瑞祖父皆奇之相從司墨

董念陛學命之曰吾輩讀古人書當垂名千載寧必以書生終哉錫綬遂應順治丁酉武舉戊戌武會試成進士初授右金吾

覃恩廕子適遭父喪以武臣循例奪情哀毀幾危再補固原於六千里外迎母奉養遷廣東都司援勦雷廉斬其巨逆緣雷郡多警遂授左營再遷羅定戊午春巡撫傳聞粵西檄錫綬爲前鋒五戰五捷兵抵平樂賊騎數萬决濤水以截援師錫綬飲血鏖戰糧盡矢絕自刎以殉從死者數十餘人事聞

贈昭武將軍賜祭塟錫金廕子

陞之蕃字恒侯江西鄱陽縣知縣康熙乙卯五月殉難于鄱陽贈按察司僉事諭祭塟廕子曾現任儀隴縣知縣

成國樾字德涵蘇松提督前營參將康熙甲寅八月會勦台州殉難于浮橋諭祭塟廕子都現任福建廈門都司

王焜字[illegible]委任廣西宜山縣令會尚籓變叛殉難贈按察司僉事賜祭塟廕一子

蔣鈖字■本邑人隨父任江西中順治丁酉科武舉初授騰驤衛千總歷陞福建海澄鎮中營守備會耿鄭二逆變亂血戰陣亡贈都司僉書賜祭葬廕一子之濟現任台協中營守備

徐大禮字復初天啟初年任四川長寧縣主簿適缺尹署縣事時奢崇明奢寅父子倡亂縣無兵禦不能守賊垂及城大禮置毒酒中先令妻謝氏弟三子明傑幼子明其及家人盡飲之自坐堂上與塾師謝其舉觴引滿歌大江東去一闋從容死之

賊至見公死嘆息引去山陰朱公燮元守成都首疏其事曰一家十三口而死難者徐大禮也總督張我續復以大禮與張振德董盡倫等十二人疏請恤錄詔贈重慶府同知廕一子臨山衛百戶世襲

孝義

自有書契以來所聞孝子無幾人將疑外此盡不孝子乎曰不然天下無不孝子也邑之内必無之苟有其人必不容於天下惡乎容於邑如是而志孝子必盡一邑之人據户口之版而志之矣何也慮外此皆謂不孝子矣若不可據户口之版而志之也則志其孝而當其變者與孝之稱於人而有徵應可指示若至於義行廣其類也

唐丁典家近荒野野火延燒典與盧母老病倉卒不及

扶抱乃溼衣覆母身致母全

宋裘仲容可瑄之孫事母至孝慶曆中母病亟仲容刲股肉事母弟仲莊亦將刲之聞兄已進乃止母食之病輒愈時有祥雲覆其家人以爲誠孝所感

蔡定字元應家世貧寒父華依獄吏傭書以資定定得遊鄉校業進士頗有聲後獄吏坐舞文華連坐時年七十餘法當免繫鞫胥削華年籍議罪與獄吏等案具府奏上之方待命于朝定痛父非辜陷犴狴誓以身贖數詣府號懇請代弗許請効命

于行間弗許請隸王府爲兵又弗許定知父終不可贖仰而呼曰天乎使定坐視父死乎父老且𤸃書罪固宜釋而無所告愬使父果受刑定何以生爲乃預爲志銘其墓又爲愬牒置懷中陳其所以死者冀免父刑罪趨府橋河自投死太守翟汝文聞之亟命出其父且給貲以葬之紹興三年太守王綯上其事立廟祀焉賜額曰愍孝

鄭鼎之字從華事親至孝建炎初金人入越士女悉奔竄鼎之獨衣冠侍父湯藥不去賊至斥曰衆

皆逃遁避我汝敢獨留不畏死耶鼎之曰豈不畏死顧老父年七十餘病且革不能負與俱逃若棄父逃生心尤不忍死雖痛乎奈獨父何言與淚俱賊爲感泣舍去且戒其黨勿更入孝子閭以是父子俱免于難

元虞所字敬叔生九月失怙少知力學與人不妄交性至孝母徐發居老患風痺日夜奉養惟謹每坐床下候顔色自爲藥劑飲食以進如是者七年母忘其有疾也部使者巡行至郡輒造其廬訪治道

晉咨曲中郡守秦不華尤禮重之後徵爲會稽學諭辭不就

明

邵廉字思廉幼孤甫六七歲即有遠志能自立已而領鄉薦授貴溪教諭迎母就養洪水驟至邑人溺死者以萬計廉倉卒抱母方呼天忽有小舟若約而赴者廉僅艤母水駛舟箭往與母相失者兩日而復會母于東山下人謂廉孝感所致

宋味古者宋家店民也亦能詩當建文帝避位時味古每于夜深疊卓從星月下北向以祭祭已且

慟哭如是者月餘爲讐家所告遂逮捕其子其翁請代昧古乃得釋人謂忠臣孝子萃于一門云

婁可道性孝謹父坐巫祝罪當死可道赴右司請代竟絞死五雲門外

車份字與宜以進士知玉山歷慶遠守所至有惠政至今誦之其母麥居份每之官必奉母與俱及知慶遠以道遠不能偕往遂棄官歸養其孝行足稱云

朱泰邑庠生甘貧力學母病痿不能起泰與其妻吳

日飯麄糲布褐常不完而母之服饌極軟好母性
頗嚴吳常數受箠撻已輒起進飲食婉娩如初泰
炊無後或勸吳他適輒號踊欲絕卒奉姑至歿辛
苦備至聞者爲之墮淚陶文僖大臨重其孝節爲
白于官捐巳俸刱祠祀之巳而詔旌其門

馬彥清字天澤賦性孝友母張氏手績撫孤彥清
偕兄彥通弟彥邦朝夕敬養既而兄以謫籍補戍
遼左弟彥邦充萬石長因督徵過迫被仇家摭翹
闕廷緹騎赴浙逮彥邦彥清憫弟未有子恐大傷

母心乘弟繫獄詭託弟名投布政司械送金陵訊
逋秋糧二升寘重辟彥清東向泣拜以不得侍老
母爲痛郡守湯紹恩手書表揚孝友旌之
陶師汲字述夫性孝友好義嘗刲股救父不效或
聞而舉之愕曰奚有是輒泫然流涕善事母弟爲
新昌掾母往視之病劇卧廨中汲聞馳往奉侍不
懈面垢形槁新昌令聞而禮焉嘆曰世乃有事繼
母如陶君者乎以邑弟子入國學晚授新會丞邑
苦旱師汲誠禱乃雨囚數十人及獄中賴師汲以

定翌日訊罪創謀者三人而已居七歲致化歸賞

以父母早世不及祿養遂以宦囊分給諸弟

鈕育號雙橋穉䄋失母父娶後妻生子父亦隨歿

後母暱愛己子窘辱萬端育跪受鞭撻毫無愠色

如是者三十年母後悔悟以育爲真孝子及疾且

革乃執育手曰吾以弟累汝勿以吾死而薄弟育

且泣且拜曰謹受教母死後育以勤穡家稍裕厚

其弟勝母在時衣食與共置田宅亦必平分終其

身弗背母訓子如英喜覽山川名勝又好讀書雖

聞闕跋涉手不釋卷攜資貿易利近三倍歸家即付其兄毫無所私順治己亥爲鄉介賓

夏干東關人饒膂力負奇節獨事父婉順以孝聞東關居水窟生不識虎村民朝牧叱牛虎忽起叢艸衆驚譟虎逸入干園中父出見攫時干方飯吐哺急走手持竹筯連築虎頭且築且詈曰畜不識吾父耶何敢乃爾虎爪其面不爲動築愈急虎舍以去干負父歸腸出內而納之禱于庭曰干孝願偕生否願偕死父創甚猝不得善藥因攬庭中苦

葬嚼傳之痛稍止俄羣獺過其門趨詢治虎傷之藥獺者入視之曰唏此即是也和酒飲之令各沾醉數日則愈事聞議旌胥索賄千不屑語人曰奈何行錢買孝子也事遂寢曾孫湛然在仙釋傳

姚士鍔字芝嶼棘卿應嘉之子父以忤璫致禍士鍔代父繫獄妻范氏亦不得一歸訣後父以耄耋家居愉色婉容定省無缺士鍔雖年踰耆艾其飲膳醫藥必躬必親蓋依依孺慕五十年如一日也每郡伯按使至必旌其廬

陳大向字安期性誠篤克盡孝道母性卞急常順
旨曲從奉事惟謹妻偶以細事拂姑意大向即遣
歸不復見人謂孝衰于妻子而大向獨不然
何愛龍號省南九歲而孤母諸氏年二十三歲矢
志守節常至斷炊顧兒泣曰吾甘餓奈爾何愛龍
對曰兒雖幼力能贍母即每日出外同羣兒捕水
族以供饘粥出必盈筐稍長頗敏聰鄰師教書輒
能記憶爲鄰兒屬對必工穉出奇鄰師喜之私爲
啟迪以是日則耕耨夜則讀書及壯練達入都門

爲工部所正尋轉王府長史誥贈諸爲孺人愛龍天性篤孝朝夕依依不離母側饑飽寒暄先意承志稍不悅則率妻拏環跪請罪必伺色笑乃起母歿愛慕如孺子愛龍年八十而卒其幼子天章甫八歲時同父兄避亂武林一日忽念其母在家遂從族人歸以伴其母父病爲父嘗糞刲股救之父歿廬墓三年人稱孝子之後復生孝子也

倪紹先字述之四歲喪父嫡母胡生母沈食貧苦守紹先稍長嫡母又逝擗踊號呼嘔血撲地已而

生母沈患心疾紹先多方療治弗效有方士至門云此疾須木心石乃痊然不易得也紹先日夜遍覓適鄰人有伐沙樸者守之聞鋸中有聲紹先默禱果得石如彈丸取以飲母母疾果瘥人以方昔之丁公藤云

魏大登字叔穀時父得危疾家貧甚罄所有以延醫弗能療大登刲股以進父夢啖以七桃遂愈後七年父病復危禱于斷雞塢之神請以身代夢神言爾父弗能生矣父卒哀毁骨立事後母一如事

父母患目盲以舌舐之經旬母目復光因精醫理云

傳列張字元素篤摯好學行誼文章爲世所推父賓早世事母極孝辛酉秋攜二弟赴省試其母忽患病甚篤家人以闈事未竣不使聞知母恐不獲見乃引指自囓曰大兒必能自覺是時二場方出列張忽心顫異常乃謂二弟曰家中必有大故星夜馳歸母果臥病一見悲慟不逾時而逝時人比之曾參囓指後隱居著述甚富以壽終

章訥年九歲母張氏卒每慟即絶遂不火食唯啖閩果數枚恒以五爲率三年服闋大慟而絶父兄强之始進飲食終日茹素哀毁無喜笑容世稱奇孝享年七十有五後人祭必有果稱爲神仙孝子又爲五果老人

董朝憲性至孝羨股救父值火災貧　母陸氏踰樓獲免咸聞空中有速救孝子之語弟暹登武進士季弟臭憲爲邑弟子員文行並著陸氏青年矢節皓首全貞郡守張公三異表其節孝以匾旌之

宋裘尚晉義熙中自婺女徙居雲門世勤耕桑習[illegible]諭越五代至宋踰六百年無異爨大中祥符四年州縣以聞詔旌其門蠲其課調是時裘氏義居已十九世矣其族長曰承詢或曰可瞻至嘉泰初又五六世蓋二十四五世矣猶如故聚族日繁嘗有饋瓜者族長集小兒十三歲以下百餘令自取各相推遜以長幼持去其習爲廉遜如此至和中李待制兑有詩云夫何於會稽卓然有裘氏同居六百年相聚三千指昔賢欽義方列奏聞天子恩詔表閭

門光華暎梓里

王英孫字才翁博通經史歷官將作監簿辭歸値越中大饑發私廩以賑全活甚衆道上有棄孩輒收䘏之又喜延致四方賢士日以賦詠爲樂若謝翱鄭樸翁林景熙唐珏輩皆慕其義與之友所著有脩竹集

唐珏字玉潛家貧聚徒授經以養其母歲戊寅總江南浮圖楊璉眞伽發宋諸陵攫其寶玉珏聞之[illegible]痛憤亟貨家貲及執券行貸得[illegible][illegible]金乃具

酒邀里中少年與飲酒日酣少年起請曰君儒者若是將何爲耶慘然具以告衆謝曰諾一少年曰事露奈何珏曰余圖籌之矣要當易以偽骨乃具木櫃絹囊各署其表曰某陵某陵分委散遣收骸瘞蘭亭山中樹冬青樹其上以識越七日髡賊下令裒陵骨雜置牛馬枯骸中築一塔壓之名曰鎮南杭民悲惋不忍仰視了不知陵骨之猶存也未幾髡賊被誅珏事乃稍稍傳播義聲震吳越云詳見攢陵下

元鄧文澤至正末盜起率義兵保護鄉井有功拜昆山州判官

明陶仕成諱之四世祖當正統間以富民供大璫阮某其後阮倉卒被命入意不測竊召仕成以私積六千金托之仕成持歸投井中居數年阮竟死仕成出井中金走白守吳某守曰金無知者爾物也盡取諸仕成固謝會饑悉散以賑鄉人以是稱陶長者後數十年卒有非敓而陶氏簪纓相繼人以爲皆仕成所種云

陶澤字宗濤好學勵行嗜吟咏與至揮染詞翰兼美兄弟友愛更讓產於姊姊撫其孤擇婿厚嫁莫女有鬻百戶者以告身質錢沒不能償召其子歸之嘗題所居曰兒孫心上影天道暗中燈曰吾子孫當有顯者晚病喑久之忽强起首作呼召狀子孫驟集手畫積善二字于左掌遂卒子性愷孫諧貴贈兵部左侍郎

王舜卿字良佐其先廬之巢縣人有名保者遊會稽樂之因家焉保子用嘗以將漕艘海活敗舟之

垂歿者數十人子三季日仁舜卿其孫也端慤有至行以儉勤致饒時有所賑貸不責償而且性善忍雖受侮亦不較里亡賴毒其幼女幸歿以構俄一老父至撫之即活有盜斬其丘木有司捕繫抵法舜卿更爲祈免曰欲其悔過耳毋重苦之有盜其錢粟者則曰好持往作家毋妄用其寬仁率如此卒年八十有五參政陶望齡爲作墓誌銘載其佚事云有賣薪者誤刺敗舜卿新衣舜卿好語之更飲之酒久而薪者與諸少年知舜卿不[illegible]謀爲訟[illegible]

謝曰吾夫感佩王寡君慷慨入地而可諼乎

吳楠號繼橋修身積行事繼母以孝待昆從以友煮粥活人收骸瘞骨又知交數千金還付其子萬曆丁巳巡按胡繼升旌曰心事光白日行己照清波郡守張魯唯以八邑首善旌

淩雲鵠號敬泉幼喜讀書長而習醫治傷寒甚精貧不能藥者捨與之貧甚者且給錢米家不甚裕而性樂施終其身無難色壯年喪妻不更娶并不近女色子元鼎天啟甲子舉于鄉

蔣弘濟自曁陽移任會稽少機警好爲詩文慷慨任俠有友陳某以漏誤罹重罪弘濟破產出之山陰令徐貞明知其賢疏言弘濟才堪董涿鹿水田上可之弘濟募農人籍名授田俾種獲三年後輸賦佃人雲集田功生成萬曆間詞臣孫鑛薦從戚繼光征關白抵高麗日已暮土官宴迎弘濟白光以我兵方到可出不意襲之乃啣枚疾馳自城下囊土以上賊大駭遂潰遁去凱旋軍中酒筵尚未散捷聞命見賞賚陞受命撫遼遼人呼爲蔣父

後罷歸行李蕭然避雪止路舍聞哭甚哀乃逋官債而鬻妻者弘濟以所乘裘馬代償之素不事生計卒之日子一玖方髫室壁立長學醫亦好施予有足多者

蔡國齡字長卿愍孝公後裔以明經入太學選授鉛山丞每夜焚膏讀書爲邑令所重一日天雨朗誦漢書至黄霸龔勝傳撫几嘆曰爲吏不當如是乎三年擢婺川令婺川邊徼地苗民錯處國齡興利除害勸課農桑苗民感化絃誦之聲相聞余賊

叛逆欺婺川彈丸地圍之三匝國齡率民堅守有謀內應者擒斬以徇賊驚燒營遁去一城以全遷莒州倅一如治婺川時後以病免太僕胡琳與之爲友亟稱不置

陶允高字叔明三歲而孤事母至孝年十九究心性命之學終日危坐小樓流覽子史不妄交一人家無中人產喜施捨周人之急古書畫舊器傾囊購之叔不能嫁女允高出內奩與之無吝色姊適沈沈故宦裔而窶甚允高分所有餉之訓教其子

生平無疾言遽色與人　交退損自居人皆以有德
太丘目之精脊公蘇柳書法然矜慎不傳子秉禮
官兵曹贈承德郎
石桂字南陽公揆十四世孫世居新昌因八世迨
尚琨以賢良方正爲山陰訓導贅居會稽之東桑
村遂入會稽籍桂生而博學嗜古深沉有識萬曆
間游成均授鴻臚序班禮度雍雅品節詳明爲一
時名賢所推重子美中性至孝倜儻有大志援例
授溧陽丞遷海州判清白自矢以催科行撫字民

咸德之奉使至玉山右攫其篋金者爲胥吏所獲其母若妻哀號終夜幾不欲生美中善語之竟寢其事轉益籓典實正告終養舞綵之餘芸編課子故其子之貞舉順治辛卯順天鄉試凡地方利弊必籲當事舉行即東北海塘一帶屢受潮患民不安命之貞力爲築塘防護 載海 塘下更建崇

邑人咸曰石氏之世德至今不替云

石懋字碧渠性聰穎記誦輒過目不忘氣節自命鄉曲有不平者咸取衷于其一言歲饑磬所儲賑

[illegible]無德容建義塾以[illegible][illegible]之力不能讀書者宗族賴之子八孫十三俱知名譽其子顯玉佩玉孫應昱皆授職樞員秉鄭政自著有家訓類編

王鑑號後山世居月池坊自幼以孝悌著聞長而篤行勤學動必以禮且好施予罄囊賑饑饑者忘爲饑歲邑令上聞旌曰揚善長孫瑄危鑑入市買羊祈禳甫出門而氣垂絕鑑未之知也未至市途遇遺金思此必係急難所失候至晚得其人而還焉失者問姓名竟不答而歸家之瑄危者已置之

地復礙祿歸床無不驚異以爲善報之速其陰德之不傳者更多享年八十有七以禮部儒士冠帶終爲郡守以榮壽顏其堂錢櫝爲之立傳子孫世享遐齡

張賢臣號思溪其先系貴人後徙居東府坊少孤而貧事母篤孝年三十始娶客遊京邸逐什一致千金慨然曰吾其歸矣歸而以經書教其孫性喜施捨汲汲賑濟爲事修禹陵御道者二修婁公七眼橋之塘者三凡橋梁道路之闕礙行役者悉築

砌之山陰西北有湖曰猰㺄直濶十里許舟過遇巨風輒覆賢臣築石塘其中石費工費六千兩有奇七閱歲而落成舟行登塘舉繂舟無覆者享年八十有四諸村人思之祠祀于後社村水神廟之右歲時致祭民頌其蹟比之馬湯二公子二孫五曾孫十餘以忠厚世其家云

孟大綬字浩予性孝謹刲股愈母疾又好施予代償鬻妻子者人咸德之而家中落病革之日惓惓以不克終養父母囑其子道純道純時甫十歲涕

泣受遺命及長孝養父母一如其父焉迨大父母上壽終哀毁盡禮鄉黨共稱其不愧先志云至于賑貧乏恤孤寡周婚嫁建義阡修官塘時以爲善訓誡其子孫督撫屢旌其門而道純則曰吾僅完吾先人之志耳而其意未嘗求人知也

沈登先號昆明居家篤于孝友敬禮師傅勤勤課子爲事設教武林嘉禾間補餘杭弟子員入餘杭縣幕時有大帥驕横所過滛掠百姓哀呼遍野令憂之登先曰毋須先傳百姓入城吾當身往説之

適遇鄉道乃同里人因通大帥邑賴以安邑人擁道羅拜曰某等得保室家者皆仁人之功也遂歲時尸祝焉後以薦舉授官不赴卒著有戒溺女屠牛説語甚愷切

徐廷玠字元度如翰子承清白之後克守先志忠誠孝友素聞于鄉侍劉宗周陶奭齡講學于證人會甚見推許後宗周殉節老成凋謝繼往開來皆廷玠之功崇禎間嵊邑大饑鬻産往賑尋邑屢饑復竭貲給賑全活甚衆

陶履羣字長文號拙菴恭惠承學孫文簡望齡姪父祖齡逝世哀毁踰制事母王氏備極孝養朝夕無間自幼從外大父王龍谿講學問答間多有啓悟龍谿嘗語文簡曰此子穎悟非常而學問俱有實踐必能爲聖門大闡微言龍谿殁後獨居叢雲閣究心性命之旨甚得理學之傳與弟履卓履章齊名黌序友愛甚篤鄉黨中有貧乏者輒多方周濟遇横逆之加絶不與校而横逆者自愧履羣一生以謙慎自持慈惠及人咸謂孝謹之風克繩祖

父云

龔孫華字元之弱冠補弟子員試輒高等受祖父世業附廓田數百畝而好行善事嘗父母喪葬畢獨力砌西巫石路修通濟五橋改兪家舍直路費銀以千計後乃皈依佛氏效法龎門檢點餘田分散各寺止剩田三十畝半膳娶媳半給養飧淡薄終身媳周氏守節焚修繼子承祧

魏國選字蘭渚淹貫書史精韜畧膂力絶人號萬夫敵幼年家窶甚奉母至孝肥甘無不給以將材

授三屯營便性友愛俸養所積悉付諸弟視猶子如已出即繼爲嗣當未遇時元配之父若母以壻家貧且久逗京邸欲毀盟女不奪志抱鬱而卒國選誓不再娶後雖富貴終身恬淡不樂衽席之私有名賢題其墓曰義士塚

唐圭字文石宋義士珏之後裔也事父至孝事繼母恭謹倍常少年喪偶以有子不再娶生平坦易輕財雅愛剡溪山水居嵊者數載所至輒以行誼相高子允恩見列傳

劉充司馬棟之曾孫持身孝友篤于義方宗周重之子世學居金陵博典籍精翰墨刲股愈生母查氏疾兼多隱德儀曹張夬旌曰純孝醇儒

吳拱宸越郡泮宫即其先世吳孜所捨地賦性孝友終身孺慕且好施濟多行善事隱居抱璞鄉黨稱爲長者當事有梓里先型鄉評碩望之譽又從劉宗周講學以義方訓子詩書啓後享年九十有一子應龍亦七十餘孝謹不衰天之報施或其有功于聖門云

董弘度博通經史隱居東江與弟析產僅取瘠田數畝又好施與屢致空乏鄉黨慕其義與禮讓絕爭訟者及數世

王宏嘉與訓導子東日太平守備俱以節義稱

洗士彥貢生鄭州州判殉節

章國武字文叔少業儒有勇敢武舉應會試大司馬范景文奇其才名至募下轉漕治河皆有功流寇陷鳳陽至六合國武率鍊卒五千人焚其舟斬獲甚衆寇不敢南犯又以勤王功陞都督加少保

時史可法招致劉盜幾茂譁國武治桀黠者數人一軍帖息尋以伉直罷病革之日喟然曰某亦可上見先帝矣

胡明憲字澄宇幼穎異喜讀書性孝友善事父母事無巨細必稟命後行終其身不變與兄弟不析爨者數世及兩兄相繼逝視嫂如母撫其孤如已出後以子貴封戶部郎處之恬然不以貴氣驕人凡一切干謁之事悉爲屏絶年八十七而卒配李

金吾雙泉女父羅不測氏效緹縈故事伏闕申救

及于歸明憲相夫御下未嘗以貧苦攖情其課子嚴督勿少加顏色脫簪珥以敬禮師傅子輩成名皆李之訓也子三長昇猷順治丁亥進士康熙甲寅偕兵關南甫任遭吳逆變抗志不屈備歷艱險忠節益勁及漢中大定遷四川按察司癸亥入覲朝廷面諭峻拒逆賊受難情事垂念孤忠特旨內陞京堂次昇俊貢生候選同知鄉黨以孝友稱季昇輔康熙辛酉舉人卜居會稽故附邑志

章可程字式之初授福建甌寧令邑自兵燹後雕

獎特甚可程甫下車即爲講宣
聖諭創脩學校特拔寒士以振文教而士風爲之丕
變至行保甲而郡盜歛迹公編審而賦役均平民
甚德之值耿逆之變可程厲色曰吾授命
朝廷來宰茲邑豈從人作賊耶因被囚縶于懋治千
里跋涉由間道省親大兵入閩釋可程因事聞遷
其府同知未及之任以勞瘁卒于閩

余應福字[illegible]性醇厚重然諾母病籲天祈禱刲
股和藥以進疾遂愈尤好善樂鄉黨重之子孫俱

以文學孝謹世其家云

金軨字伯乘精保嬰術不計財利不先富後貧年八十猶步行遇有危症貧不能服參者竟自備密投劑中且終不使知一日入市見有鬻妻以償官錢者即如數代償令完好如初後軨享年八十有七夢金童玉女迎之逝祀鄉賢孫蘭登天啟乙丑進士官御史太常鄉祀鄉賢

金機字仲星增廣生金蘭次子性至孝五歲母王氏病趾步不離母卒哀毀如成人事繼母吳氏孝

散無遺庚辰春雨雪浹旬米價驟湧捐賑平糶入村落無炊烟者贈以斗粟百錢不告姓名而去有鬻妻者捐資完聚性嗜學寒暑手不釋卷屢試弗售遂絕意進取以養親課子爲務子烱脩山陰邑志煜順治戊戌進士

金權字季星邑廩生太常鄉蘭第三子有文名順治辛卯歲饑饉薦臻斗米四錢死亾相繼獨鬻己產五百金賑濟大雲各坊民賴以甦慷慨好施鄉里共傳誦之

陳弘先字士任甚聰穎八歲能文九歲補弟子員人皆稱爲小秀才篤于孝友冢宰商周祚敬其爲人延之爲師甲申四月聞闖賊變憂憤數日而卒

沈國玘字子瑜郡庠生幼從父方宦常熟邑饑玘請賑父曰垂髫小兒知此耶吾萌此心久矣卽發所儲秋糧賑所屬時方巳陞任天津撫臣劾其擅發落職歸里適太監崔琳清理兩浙鹽課賦稅兩浙富民多致朘膏里滑張九挾仇以鹺獘陷玘父撫按畏琳莫敢直玘赴闕聲寃遂撤崔琳父寃得

穆浙民賴以安寢尋紹郡大饑玘鬻産賑濟鄉鄰
鬻妻女者輒贖還其家室諸氏典簪珥佐之全活
甚衆

清吳師貞字雨吉本邑庠生膂力過人忠誠素著值
閩逆之變總督郎聞其名檄取授守備所到輒獲
捷題給部劄適逆犯界師貞以數百人敵數千衆
中炮火死次子聞父變率十餘騎衝殺覓父屍亦
死之

鄒國楨字子瑞康熙十三年山寇竊發捐貲養練

兵挺身奮擊先登破賊部堂達公擢用守備十四年隨征金華群盜突圍陣没

吴錫祉字子秬自幼能文長通經史因艱於粤西進取

撫軍傅弘烈題授栁城縣古砦鎮巡檢司因僞賊馬承蔭復叛錫祉帶印潛逃步行七百餘里不甘從逆遂負病而卒

會稽縣志卷第二十六

人物志五

隱逸　仙釋　方技

隱逸

隱士無可傳之名也然巢許務光之流至今稱道之何哉葢慕其高風如或晤之縱傳聞失實

今所聞並如巢許諸人哉惟計其真也

唐秦系字公績自號東海釣鰲客有詩名于天寶間嘗結廬泉州南安九日山穴石爲研注老子刺史

數往見歲時致饋而系未嘗至城府姜公輔之謫
見系輒窮日不能去築室與相近忘流落之苦張
建封言系不可致請就加校書郎後遭亂避地剡
谿東渡秣陵既卒南安人思之號其山爲高士峯

五代

謝詮仕南唐官至銀青光祿大夫金吾大將軍
李氏以國歸宋詮守義挈家遁居郝門士論高之

宋

趙宗萬字仲回少知名錢忠懿入朝欲與之俱以
親老辭既長博極書傳用進士應詔籍於春宮[illegible]
萬與[illegible]資[illegible][illegible][illegible]於世[illegible][illegible][illegible][illegible][illegible][illegible]築室于[illegible]部之[illegible]

霞坊左瞰平湖前挹秦望蓋[illegible][illegible]號丹砂引以爲
侶足跡不及高門鼓琴讀書怡然自適者三十餘
年祥符中詔舉遺逸郡守康戩以宗萬爲尋被名
乃曰吾老矣不足以任事因獻𤣥龜傳以自見且
請自託于道家者流朝廷不奪其志即其家賜以
羽服後十餘年卒華鎭言宗萬神宇清明識度高
曠終日凝淡若嬰兒眞方外之士然取捨去就之
際則確乎不可奪善八分草隸書通盧扁術或辟
穀導氣嘗爲詩曰斗懸金印心難動屏列春山眼

暫開蓋其志也

明

章鏓字克平性孝友博學工詩宣德間兩徵不起風節凛然爲世所推魏文靖銘其墓曰隱遯不污南村一人而已

陶訥字世仁才韻迥拔以儒士應試故事試者皆脫冠披襟檢括而入訥謂非待士禮棄牘還與隱士王埜輩爲詩友酣咏自娱縱放山水中遂精青烏之術所懸記後多驗者晚慕神仙家言嘗入山學辟穀導引久而歎曰非學仙難爲心爲難耳善

繪梅鼓琴好談論無事輒掃地而坐足不入城市
者數十年
沈霄鶴字鶴士精通易理隱居賈卜終身無變志
俞邁生字日斯崇禎　丁舉人一室蕭然瓶無儲
粟授徒講業哦誦不輟享年七十有一
郭鈺字子式八歲能文十六補弟子員聚徒以百
計多以甲第　士毓著潘集皆與之游後隱
居雲門山唯賦詩灌花爲事一日謂友人曰某日
吾逝矣已而果然所　著有易解古越書經濟編灸

古三資

仙釋

聞之特受異氣稟之自然非積學所能致者仙也善爲宏濶勝大之言以歎誘愚俗精於其道者號曰沙門仙者惟恐人之知者也穢迹傭賢乞丐之伍何知其仙何知其不爲仙哉釋者惟恐人不知者也其高者無論矣在今日擁高座聚徒衆珠官紺宇相輝屬所至從者數百人或逾千人如大將然鳴鐘伐鼓各奉一師詢其所由僉曰某師付法其法所由付實出多門彼自用彼法而不知自重釋

氏其衰矣敗壟折杖所在都有虞人獵網無復有遯迹者邑之名山皆擇也仙則必聞人焉

唐苗龍失其名能畫龍人以苗龍呼之貞觀中得道仙去今龍瑞宫東南一峯嶇起上平如砥相傳爲苗龍上昇處

宋陳明揹陵鋪兵也人呼爲陳院長以罪受杖遂蓬頭跣足若病狂者往來行歌無定止頗能知未來事雪中不施一縷臥野橋上氣騰如蒸眼色正碧好以白堊書地且讀且歌字畫類五銖錢文觀者

莫識或憐其寒遺之衣乃轉與貧者淳熙八年歲旱或叩以豐歉應曰木災竹災魚災貧道災餓而洪水暴至所經竹木盡拔魚鱉漂流明病不食數月腹皮皆凹入附骨隱隱見五臟人謂其必死俄復如初有蜀客來見之焚香作禮曰先生正爲吾鄉募緣造橋安得來此衆始悟其爲異人蓋神遊于蜀中也後以微疾而終藁葬溪岸未幾其徒發瘞將焚之空無一物

老葉道人龍舒人不食五味年幾九十矣未嘗有

疾居舜山天將寒必增屋瓦補墻壁下帷設簾多
儲薪炭杜門終日及春乃出弟子小道人極愿慤
嘗歸淮南省親至七月望日鄰有僧名老葉飯飯
已亟辭歸問其故曰小道人約今日歸耳僧笑曰
相去數千里豈能如約哉葉曰此子平日未嘗妄
也僧乃送之歸及門小道人已䟫擔矣客毋訪之
拱揖甚謹然不肯多語或黙作意欲叩其所得纔
入門即引入卧內燒香具道其遇師本末若先知
者亦異矣

元戴眞人性超曠不好榮利逍遥物外行業爲世所
推嘗遊京師歸越朝士大夫多以詩道其行虞集
詩曰戴先生日飲五斗不得醉再飲一石不肯眠
昨從桃源來兩袖攜風烟長安道上小兒女拍手
攔道呼神仙馬如遊龍花如雨蹴踏春秋作朝暮
東方不作聰間戲上帝還令海邊去海邊玉虹夜
不收貝宮珠闕皆蛟蚪芝田玉樹久相待天上老
仙那肯留戴先生鑑湖之水三千丈不可以鑑可
以釀明朝亦脱錦袍去與汝酣歌釣船上趙孟頫

詩曰躍馬年年塞北遊春風此日送歸舟山中樹老飛元鶴江上沙塲卧白鷗未許謝公同隱逸肯留賀老獨風流山陰道士如相會沽取松醪醉未休

明金九先生弘治間人住富盛方泉橋故號方泉生平不市櫛服垢衲人呼爲金蓬頭出口成詩多塵外氣一日青塘村幻出一舍有女織其中金逢之遥一句相賡金起而終之其詩云山前山後雨濛濛要入桃源路可通誰識閨中藏織女豈知牕外

有仙翁三春楊柳家家綠二月桃花處處紅欲問
今宵端的事相思都在夢寬中吟畢女忽不見又
嘗于武陵遇一道者飲于肆已而渡江擲隻履令
渡金難之履忽化爲舟道者竟渡金遂返過適所
飲肆譁聚百餘人怪適所覆杯膠不可啟及金至
爭令啟之即啟覆處有洞賓二字故人皆謂金且
仙去九十餘乃終
鉢仙不知姓名年歲常手捧數十瓦鉢人叩之唯
曰孝弟二字冬月赤身臥雪中體常溫一夕卒衆

買棺殮之檢其鉢有銀適如買棺之數將爲營葬舉棺甚輕開視之止敝衣而已競傳爲仙去云

陶與齡字德望號石堂宗伯諡莊惠承學長子望齡奭齡皆其弟也爲人通敏沉默酬荅簡約失得弗爲悲喜篤于孝友而淡于聲華萬曆乙酉舉于鄉出成都宗伯李長春門未幾即世甲午長春子雲卿自成都試還盛氣自得于龍象山麓遇一道士迎馬笑語謂生勿妄想解元屬某矣汝當以庚子得雋丁未乃成名耳雲卿怒欲撻之道人曰我

會稽陶輿齡爲若翁門下士特欲汝悟守故來語
汝何辱我爲雲卿歸白其父久知輿齡物故訝之
曰輿齡殆登仙矣已而所語皆驗蜀人盛傳其事
特建遇仙橋書寄望齡爲之作記冢子履中任瑞
州知府爲士民愛戴入名宦祠會輿姑熟李一公
同爲部曹後一公提刑四川稽故老搜郡乘得實
刻石于遇仙橋邊取其境地佳與蜀獻王之遇三
丰類也詞曰吾聞八百里鑑湖天水烟雲粘菰蒲
華陽道侶多精廬中有一人仙之臞隱几手弄日

月珠飄然乘風遊蜀都一笑偶到山川隅日暮道遠行人吁馬首數語開靈符仙影一去山模糊事奇語恠驚羣愚蜀山幽閟仙靈居青城鸞鶴驂霞裾峨嵋古雪侵肌膚先生倘在其來乎以上仙

隋

法極字智永王右軍七世孫常居永欣寺閣上臨書凡三十年所退筆頭置之大竹簏簏受一石餘而五石皆滿人來覓書如市戶限爲之穿穴用鐵裹之人謂之鐵門限後取筆頭瘞之號筆塚又嘗臨寫眞草千字文八百餘本分施浙東諸寺壽至

二百二十歲而終

智果師事智永于永欣寺工草書銘石甚爲瘦健煬帝嘗謂智永曰和尚得右軍肉智果得右軍骨

唐辯才亦智永弟子從其師受遺書博學工文百家技藝悉造其妙每臨其師書逼眞嘗于方丈梁上鑿暗檻以貯蘭亭舊本年八十餘猶每日臨學數遍其篤好如此詳古蹟辨才香閣下

靈一律師居雲門持律甚嚴以清高爲世所推姚郃贈之詩曰童子病來烟火絕淸泉漱齒過齋時

一亦能詩劉長卿嚴維郎士元皇甫冉皆以詩與之往來人多稱道云

靈澈字源澄湯氏子雖受經論尤好篇章從嚴維學詩抵吳興與皎然友貞元中西遊京師名震輦下得罪徙汀洲入會稽劉文房贈詩曰禪客無心杖錫還沃州深處草堂閑身隨敝屨經殘雪手綻寒衣入舊山獨向清溪依樹下空留白月在人間那堪別後長相憶雲木蒼蒼但閉關吳越多賓禮之終于宣州開元寺門人遷之建塔于越之天柱

峯有詩二十卷劉禹錫爲序

契眞禪師初與溈山祐和尚同在百丈山禀受懷海大師宗旨得全心印後游羅浮有越人請歸浙東峩眉雲門初住鏡中紫陰院後住覺嗣開元兩禪院大中初勅改覺嗣爲大中禹蹟寺令本道移師歸禹蹟聚徒北廓院壽九十七造塔于鏡湖南岸賜號澄明塔謚大觀禪師

良价禪師禮五洩山默禪師披剃遊方首謁南泉次叅溈山既到雲巖見曇晟禪師問無情說法乃

述偈呈雲巖辭去曰問邈得眞話涉疑後過水覩影大悟前旨

五代

清化全付禪師抵宜春仰山禮南塔爲涌和尚印可安福縣爲建禪苑聚徒本道上聞賜名清化後還故國吳越文穆王特加禮重晉天福二年錢氏戍將爲闢雲峯山建院亦以清化爲名

宋

重喜少以捕魚爲生然日誦觀世音菩薩不少休舊不識字一日能書又能作詩錢塘關子東雅器之問少嘗習書能解否如此眞乃得觀音知慧者

也

端裕俗姓錢氏武肅王之裔孫年十八投大善寺則忠落髮受戒具見佛果勤和尚與語大悅遂往依勤住蔣山命典記室尋分坐道聲藹著慈寧太后名裕演法於靈隱賜金襴袈裟紹興十八年移四明之阿育王裕莅衆色必凜然寢食不背衆倡道無倦二十年十月十一日示微疾至十八日索筆書偈跏趺而逝壽六十六僧臘四十八荼毘烟凝五色如車蓋收舍利無數目睛齒舌皆不壞弟

子奉遺骨分塔于鄮峯西華初賜號佛智禪師至是謚曰大悟塔名寶勝

唯定字應堂周氏子祝髮于山陰資福院自幼穎悟内外經典一覽不忘紹興丁卯住景德寺講偈有猿獻果于前及將卒謂其徒曰庭前桂樹花開我將逝矣其徒出視之桂花忽開皆成五色急返入戶則定巳端坐瞑目矣龕留十四日顔色如生

明

圓澄字湛然東關人俗姓夏少時當舖兵役因投遞羈遲受責詣天荒投妙峯和尚薙髮爲僧踰年

得戒于雲棲蓮池師以古佛期之掩關者六年適慈舟和尚謁南海還寓越之止風塗相見契洽慈舟遂付囑焉時萬曆辛卯也歷諸勞瘁向不曉文字一旦豁然直接曹洞之宗開闢顯聖道場講經說法不事粧點口頭家常語俱有妙理晚年募築往西塘路民至今利賴祭酒陶望齡甚敬禮之

皇清圓信字雪嶠鄞縣人幼穎悟端重不嗜世緣素性脫畧志趣高遠常往來雲門雙徑兩山間後覩古雲門三字開悟遂終老茲山當圓寂之前預寫小

詞以示徒衆詞曰小兒曹生死路上好逍遥皎月冰霜曉吃杯茶坐脱去了及期果索茶啜跏趺而逝建塔于雲門寺之右隴順治十七年

世祖章皇帝慕其宗風

賜祭金五百兩

御札囑弘覺禪師修其寺塔

御札曰錫杖還山時縈遠念兹覽音問式慰朕思來伻言旋裁書附往並有欲語者朕每念法門輒景

先哲如雪嶠大師藏塔卓立雲門後學諸方應共

瞻仰比聞山界雖分基址漸圮恐年深人遠淩毀
堤虞今特捐五百金重爲修治雖未必足寧波之
費然經朕一爲整葺人必改觀起敬自不敢復行
侵侮矣禪師重念儀型久懷崇飾當勉爲經理承
朕敬禮尊宿之義以副夙心故茲特囑禪師其悉
之

弘禮字具德余貴張氏子禮三峯藏和尚參本來
面目一日對鏡藏和尚驀椎其背豁然契悟遂埋
沈下坂苦行十七年洞徹法奥藏曰此鐵骨眞禪

也當大振吾宗遂授衣拂開堂廣孝應機迅銳聲振天下自此十坐道場至興天寧靈隱法道之行天童而下莫有兩者晚遷徑山侍者問曰古德有坐化立化及到卓者未審和尚如何化師頓足云我只與麼化至天寧先一日令庫司設供徧禮佛已曉起更新衣履呼侍者隨上方去聲未絕頓足而逝建塔靈隱婁東吳太史偉業爲之銘塔

方技

藝術不可以語道而有道之士亦爲之王右軍不世出之才也卌　　　掩哉後之學書者終不及右軍其人非耳是以會稽藝士之藪也其所爲若書若繪若聲律器物之屬巧與拙不必問惟觀其人坦懷任意不屑屑於流俗有古狂士之風其所習必工爲可傳不然者所爲雕朽木餙嫫母畫土人也爲世所賤況若耶之溪水產銅如昔也何以歐冶之後不復有劍哉他若醫方之

善古之神人亟爲之邑有

唐徐嶠之善書以法授其子浩益工嘗書四十二幅屏八體皆備于草隸尤擅名世狀其法曰怒猊抉石渴驥奔泉

陳閎元宗召入供奉承詔寫御容及射獵按舞諸圖皆妙絶又嘗寫肅宗御容于大清宮筆力遒潤風彩爽逸

孫位有道術兼攻書畫從僖宗西幸至城都嘗于應天寺門左壁畫天王部從鬼神奇怪百出筆勢

狂縱三十餘年無有敵者後蜀人景煥與歐陽同遊寺乃畫右壁天王以副之同遂作歌詩一篇有僧羅龜善草書書于壁號應天三絶又有孫遇亦以善畫著名焉

宋丁權字子卿善畫竹自述竹譜又有鑑湖懶民者賀方回裔孫也作平遠細竹瀟灑可愛

陳憲章善畫梅有聲京畿

明沈恪字克敬軒達通敏讀書習字迥異常輩尤喜題署求書者滿門且孝友惠義名重一時穆驥林

鴉毎賦詩稱美有懷雅集子孫皆守其字學

馬時賜名暄以字行幼穎悟博通經史兼精丹青

術尤善于古隸篆孝宗初徵入華蓋殿供御授錦

衣衛鎮撫

闞九思字虛白吳興人愛吾越溪山之勝嘗流連

會稽書兼諸家丘壑烟嵐鑄以性情不循恒徑而

古人意無不備品格遒上不役役金錢介懷逢其

快適雖小童寠子點染與之若意有未愜雖貴介

勿屑也落筆不肯苟且幅完注視有微瑕即碎裂

之其矜重自愛如此晚年好煉丹嘗爲人所賣雖知之不悔云其畫留傳吾越者多至今賞鑒家爭購之

田賦字公賦香橋下人少聰穎喜點染受法于關九思攻苦勞瘁大得其傳

姚允在字簡叔少受學于山陰吳晃壯而摹刻古人化板爲活細密中有蕭疎之致游白下太史董其昌偶見其小幅大加激賞聲價騰起遂遇知于魏國云

胡廷寅名諲以字行幼業儒長遇異人遂精醫術憲宗朝徵至京師授御醫加左通政出入禁闥恩寵罕儷

唐繼山以字行萬曆年間人住安寧坊少喜讀書長而習醫以溫補爲事多奇效尤能以脉理决死生于數年之前人至今稱之有脉訣行世

張介賓號景岳素性端靜易與難悅年十三隨父至京學醫于金英盡得其傳暇即研窮書史醫法東垣立齋喜用熟地黄人呼爲張熟地越人采[illegible]

而幼即戕劑熟兼[illegible]補劑故取效病未極人多益

致邀危甚乃始求救已無及矣然亦有從中得活

者著有類經一書爲葉寅陽贊賞卒年七十八醫

術中杰士也

張允迪號瑞陽以醫名家生二子長時鼎號元素

仲時位號行素俱業儒有文譽未幾仍紹父業專

意救世病者一聞槃氣顛危立起貧乏者毫不受

值活人以億萬計遐邇受惠聲馳兩浙大史倪元

璐宗伯姜逢元知府施肇元司李劉光斗知縣孫

嶙後先額表其廬至今被活之家子孫頌祝不置

徐昇泰字世平理熙初之四世孫也學醇數奇屢困棘闈一旦與范公不能作相願爲良醫之志由是博究金匱蘭室之秘及百家活人諸書而于馬蒔素問發微尤相深莽刀圭緒澤起人所不能起全越方賴視垣有年乃昇泰自謂手拯之及莫旣曷若輯書壽世施濟大且遠也遂爲言裒遺堅辭診視之召梓遜言倦告惟一意著述作不朽業今匯爲補遺一書與[illegible]以本艸所未備其次大之學

術雖列方技不愧儒林

王[illegible]號培元幼聰穎通諸子百家言長而有濟人志因潛心醫學越人遘疾雖良醫所望而驚心者輒使之立愈子仁龍號霖汝慷慨有大志壯遊京國人咸慕其豪風且亦以醫馳名畿省

張時龍號完素性落拓不羈精外科就醫者立愈卒不與較一日所得惟供一醉忽語人曰上帝憐我爲善名作功曹吾將逝矣遂卒無妻子門人醫道失其傳

馬勳字希周幼業儒母章氏病徧覽方書至忘寢食踰年夢天醫示以秘方十三既覺歷歷不忘以治母疾遂愈因棄儒而專業焉造請者如市其視疾輒與尅期調治多有奇驗一時號爲神醫子呈泰嘉靖庚子貢元曾孫烽萬曆甲午舉人玄孫維陛萬曆己未進士

會稽縣志卷第二十六終

會稽縣志卷第二十七

人物志七

烈婦　貞婦

女子擇夫不能必其夫之不夭而舅姑叔伯能必其婦之不嫁何也邑之俗以禮義爲榮辱人之具晨夕晏閒相集委巷而言者必曰某之家内外有節某之家帷薄不脩或曰某以世族子弟有婦他適則比之販夫販婦俳優賤隸之所爲衆以爲笑見其族人過之則竊指之而議其後苟聞之淺以

爲恥而不敢與於會是以必不聽其婦之更嫁也然何以能必之於其婦婦亦習於宗黨禮義之風且自有家以來無一犯之者則羞惡之心生郤紛華色笑不假稜稜如烈丈夫衆以爲榮是以貞操而性成者獨指景而心誓雖形存而志隕或誘以華膴脅以刀鋸而必不能奪匹婦之志者其守定也其次則爲習俗所勉同歸苦節但其孤子非富且貴則何能聞於上而聲施於後世哉

元 禹氏名淑靖字素清吳守正妻至正十六年徙室石門淑靖常從容謂守正曰方今羣盜蜂起倘不測吾惟有死而已是年夏盜陷石門淑靖倉皇携八歲女登舟以避俄有盜奔舟將犯之淑靖抱女赴水死

棊氏馮道二妻至正末兵亂至栅頭執道二殺之氏年少兵謂曰從我則生不從則死婦曰吾寧死不爲若妻也兵怒露刃叱婦婦卽引頸受刃死

明 魏氏年十六贅宋允中僅三日允中歸歿于家尋

火于野收骸澗水魏奔號就水拾骸瘞夫家圃中服喪三年父母憐其少欲嫁之弗聽乃使人誘以百計魏仰天號泣蓬垢欲自殺家人固知不可奪然已受他幣嚴爲之守至期迓者臨門守稍弛魏潛之圃中解衣覆墓自縊死鄉里悼詠者甚衆中一聯頗佳曰歡聲未起哀聲動賀客番成弔客還

朱氏山陰余亨妻亨死朱年二十三無子亨既葬朱氏遂投河死鄉人憐之

司馬氏溫公二十七代孫庠生世榮女許配董思

逓未及干歸而思逓訃聞氏遂絶飲食卒兩姓構棚厰以紙俑行婚禮合葬珠湖山郡伯南瑞泉嘉其節謚曰貞一

毛烈女許配庠生董奕文奕文卒女美姿容求婚者盈門一旦女盛粧拜父母曰女生不能爲董氏婦死當爲董氏鬼矣父母朝夕守之絶飲食卒太史陶望齡歌詩賛之

沈壽姐年十八父應節以貿易他出母張氏早喪依寡居伯母呂氏度日適呂歸寧壽姐過其從伯

母張氏房宿夜半有狂且微犯之女驚喊大哭張
及其女慰之曰此誤也壽姐泣不止次日不言所
以服滷死劉宗周爲作傳

金氏章憲妻安慶遊擊章方美媳遇兵難脅之不
從及寸磔並不號呌惟閉目念觀音菩薩兵有以
其肉爲戲者歸卽譫語死氏之慘烈古未有聞死
後卽成神于死所鄉人禱之立應

皇清章氏恩貢生九江同知陶士章妻士章貧甚止一
婢售以易粟奉姑躬持勞役無怨言姑病日夜抱

持滌厠牏不少懈戊子萑苻四起勦兵雲集兵至

陶堰章氏以貧無舟故同族嫗匿鄰屋賊冒兵至

氏匿所值兒啼床下賊曳其髮出欲汚之章氏且

駡且哭賊脅以刃章氏奮身觸刃死

陶氏童汝茂妻十九而寡無子與弟緯之婦章氏

弟綜之婦章氏及妹二人同舟避寇寇至氏奮身

投河五人遂同死次日得屍握手不解面對如生

張氏庠生王嶙妻嶙試輒冠軍因苦讀早卒氏願

相隨地下絶粒數日而卒

任氏王某妻王墩頭村人寡居苦守經三十餘年有狂徒以非禮犯之自縊死

王氏沈與參妻與參以戸部倉場辦事屬居京城二年與參亡一慟幾絕遂欲自殉父母百方勸解王氏陽許之有窺其艾色謀娶者使鄰婦餂之氏冷笑不言于丙午年五月十九月夜縊于夫柩之側倉督白如梅爲文祭之以表其貞

楊氏郡庠生陳肇新妻家瀝海北桃大洋肇新客江南順治丙申海船突至破城焚刼氏隻身不能

遠避宅後有井遂投而死親友收殮之

姚氏林占春妻歸林方三載春病卒一女止週歲痛哭欲自盡以夫未葬母過愛明年夫葬而母死因自嘆曰吾所以不即死者爲夫未葬母在故也今夫已葬母不幸死吾何顏再生送母殮畢遂以幼女託姑絕食數日死

貞婦

宋方氏名德因張孟珪妻珪卒子甫二歲方年二十四守節終身奉舅姑至孝教子義方事聞詔旌之

孟氏名道淨章璘妻許字于璘未歸而璘卒道淨哀毀痛切誓不再嫁未幾兄嫂相繼卒道淨獨事父母養生送死一無所缺撫兄遺孤二人皆有成立鄉人奏旌其門曰貞孝

明

宋氏胡止善母早寡勵志守節撫止善至長而止善卒其妻楊氏惠請守節如其姑亦善教子以孝義稱洪武九年詔旌其門

丘氏董昇十六妻一子甫週歲昇十六死遂守節昇十六兄樵風忤白貴妃親黨被陷繫獄死逮及妻孥闔

門不知所措丘氏曰彼獄已成徒爾號泣何益遂慨然語其姊唐氏曰汝輩急當遠避以保宗支願以未亡人代衆以婦人未能舍生不敢遽信丘氏曰如悔前言手足異處遂聽其抱子械至京師發配象卒氏觸階欲死而復甦又恐以白刃氏欣然就之明太祖曰眞正烈婦也朕甫膺天眷殺之不祥即命備紅船送他母子還鄉其地賜名全節里

張氏鄒仲文妻一歲而仲文歿家貧不能營葬事乃權厝于承恩庵躬績紡甘荼苦撫教其遺孤廉

卒爲名儒仲文始克就窆人謂張氏于仲文爲節婦於廉爲賢母云

范氏二女賀家湖人生正統七年自幼好讀書通列女傳其長者適江氏一月而寡次者將歸傳氏而夫歿二女遂併志以守别築一垣圍屋數椽田十畝于内以自居食種穫有時父率傭以入外此則閉戸相對雖灌田亦溝引而已如是者踰三十年復自爲塋于里中之止水墩迨歿竟合葬焉族人以其所遺産立祠以祀今過者或裸裓輒得祟

其餘風凛凛猶若此一時歌詠有雙節祠集太守
湯紹恩申請詔旌建坊
秦氏名栢珍少通孝經大義嫁金伯珣蚤寡無子性素貞靜甘澹泊屏居一室唯日誦心經而已舅姑垂老孝敬不衰鄉人賢之成化初詔旌其門
俞氏沈源妻源殁遂終身不御綺麗養舅姑甚孝謹撫遺孤訓以義方迄有成立成化初詔旌其門
胡氏張京妻適京四歲而寡遺一子纔數月舅姑繼歿伶仃特甚躬自紡績以育孤致貲頗饒守節

六十餘年鄉里交稱之成化間詔旌其門

倪氏名福淨庠生胡詡妻家甚貧福淨脫簪珥以供燈火詡殁清苦自持獨處一室人罕見其面居六十年貞操如一日弘治中詔旌其門

董氏金雷妻早寡且貧備歷艱苦而性素嚴潔凛不可犯勤紡績以養舅姑撫猶子底成立卒年九十有七单居者踰六十年嘉靖九年詔旌其門

宋氏宋知遠孫女董思忠妻也僅數載思忠歿氏遂膏沐弗施哀毀骨立見者起敬繼子懷湘撫若

親生舅姑親族無不稱羨享年八十有一歲朝廷旌曰貞壽謚曰節孝

章氏名妙眞胡憲章妻早寡無子苦節自誓有欲移其志者即向墓號泣墓有白烏來巢鄉人謂貞潔所感卒年八十有五嘉靖九年詔旌其門

倪氏廩生王泰妻泰以白父冤追隨巡按冒雪千里父冤得白而泰卒氏年僅二十餘家貧苦節事姑盡禮教子成名壽至八十八歲一日命沐浴正衣起坐中堂別親族曰吾將逝矣子倖跪泣曰我

母苦志教子仕歷二任俸橐所積當爲母請題建坊以報母德氏曰吾今而後止免得再嫁耳奚建坊爲言訖而卒時嘉靖十一年也

毛氏董鍊妻年二十餘鍊卒課子成家與董鉅妻虞氏同時守節享年七十餘歲嘉靖己亥年郡守湯紹恩題旌其辭曰寡鵠爭鳴于天外雙鴻並駕于雲端表其閭曰一門雙節

蔡氏王鑑妻鑑卒無子氏年十九守節或諷之則曰吾志已定卽貧且無子安可奪也躬紡績以供

舅姑辛苦迄五十餘年嘉靖九年詔旌其門

余氏舉人章柔妻柔會試道亾余聞訃頓絕而甦曰吾可死矣不可使孤無怙未幾孤亦殀又頓絕而甦曰今可死矣不可使夫無後遂撫猶子卒見成立宗黨談其辛苦爲之垂淚郡守洪珠表其閭

馬氏曹繼祖妻高州守謙之孫婦也繼祖歿氏年二十一子甫二齡而家貧備歷辛苦訓其子迄有成立偶疾子爲延醫氏拒曰爾母者古稀未亾人矣曩不即死以汝幼耳今何用生爲竟不藥疾亦

竟愈享年六十三而卒郡守湯紹恩表其閭

祝氏適儒生王之驥甫六月驥卽隨父任越二年歸不踰月卒祝乃謝鉛膏獨居一室日取清泉一匜盥濯以自比迄六十年戚族罕覩其面無子獨教一女端飭如其母郡守南大吉湯紹恩表其閭

馮氏馬瓚妻瓚卒氏年二十九父母欲嫁之氏斷髮剺面以自殘撫教遺孤文顯至傭刺以給卒成儒官享年六十九而卒郡守湯紹恩旌其閭

祝氏胡標妻少寡無子舅姑欲奪其志祝泣曰今

爲未亡人以舅姑在耳我昔誓謂何乃不諒若是孀居四十餘年卒無變志郡守洪珠表其閭

李氏適錢盛而早寡族人强令改嫁氏斷指自誓卒堅守六十年至八十四而卒其子浩事母復以孝聞郡守洪珠表其門曰節孝

胡氏沈袞妻袞父贈少卿鍊見鄉賢傳初袞聘胡未合巹有期而遘父難自塞上并逮兄襄及袞繫萬全都司獄中時鎮臣某銜鍊甚且逢時相意必欲置二子死榜掠數百獄不具則時時問二子寢

食獄卒微知其意痛虐苦之時諷以死一日巳刻期令夜分具病狀上矣薄暮忽讙傳兩道官下視獄至則呼襄及袠出命且緩之襄等亦不測所以明日問之獄卒則某者以給事中吳時來疏其罪惡逮詣獄未午荷銀鐺就檻車去矣襄等遂得釋然袠自是遂病血匍匐扶父喪歸比服闋始婚胡年巳二十七踰六月袠疾大作將不起呼胡曰吾累汝吾累汝胡曰有命自天向未婚時吾父及昆弟疑君有疾固邀巡我義不回今日實所甘心袠

遂卒切哀泣日夜不絶聲盡出奩具治喪事有仳諷者輒斷髪務面終日一室中即同産非時不見如此者二十餘年晚染疾家人將迎醫胡告其父曰未亡人豈可以手令他人視哉初不云乎有命自天不棄卒年五十一無子以襄子某爲嗣

張氏沈束妻束自徽州推官擢給事中尚未有子張自家爲置妾潘氏俱往抵京則束已抗疏下獄矣束父年八十餘張數伏闕乞哀願以身代繫令歸一省父皆不報束家故貧養父且不給張與潘

日夜力女紅用給橐饘甚不絲則有鄉中父老爲
泣貸于同郡官京者久之詔且夾時家益貧妻張
乃身爲汲炊而令潘當夕食久起南京通政參議
不赴卒竟無子張亦尋卒山陰徐令表其閭中节
于山陰之中正里曰一門[illegible]節
潘氏沈東妾東官給事中時妻張氏以夫無子自家
爲置潘與之俱往舟抵潞河而來以抗疏乃空省
邸中候詔潞河去京都未十里急趨入城則夫已
下獄三日矣[illegible]白[illegible]

未識面盍擇所便乎潘跪曰主人抗節夫人又苦志婢子獨非人乎因流涕沾襟自誓以死卒與張俱守東在獄十有八年迨出獄時見潘問左右曰是昔日某乎曰然我當拜謝之乃再拜潘泣驚扶之遂同歸里與張俱無子相繼而卒

沈氏章邦妻十九而寡苦節至八十有四郡守湯紹恩表揚節孝

薛氏韓釋可妻年二十三而寡子甫四歲家無朞親煢煢孑立惟務紡績用以養姑姑疾刲股以進

迨姑亾喪葬如禮鄉人稱爲孝節

吳氏董浦妻生一子而浦卒吳年二十撫子至長娶諸氏未幾子又殀姑婦相守四十年世稱雙節

陳氏年十七適金勝宗三年勝宗歿有遺腹子曰志清娶張氏志清又客歿于京張氏時年二十姑婦併志以守共處一室並九十餘而終

朱氏邑儒朱謙女歸羅道六歲而寡無子宗黨欲奪其志朱慟哭自誓以死卒請于舅姑立嗣子拱璧以存夫祀已又撫其孫萬化訓以義方卒皆迨

四十[illegible]年而卒隆慶間萬化疏請于朝詔旌其門

張氏監生王金妻守節繼子爲嗣萬曆十一年旌

吳氏庠生朱泰妻性孝而介姑唐氏久病瘵而性頗暴時加箠撻常跪受受已輒起進飲食驩如也與其夫日飯麄糲布褐常不完而姑之藥餌極美好既而泰死無後或勸之他適輒號痛欲絶奉姑益謹辛苦備至聞者墮淚卒與姑相繼而殁陶文僖大臨重其孝節爲白于官捐俸創祠祀之

黃氏董能八妻無子共操自矢享年耄耋

姜氏董和妻苦節自勵子予行歷官御史
秦氏年十六歸陶尚文纔十日尚文疢氏慟幾絕
踰年舅臨革呼婦至顧視雨泣不能語氏泣言翁
哀予志不能久耶指其心曰此中如石翁勿慮翁
慨然曰爾能然吾爲鬼亦報爾言畢而卒家貧遭
二喪氏與姑處日纔一炊以孝養聞族中紳士咸
重之文僖歲時過其家必曰請揖氏謝以年穉且
分卑不敢煩文僖曰若人者壯節强志可當予拜
况揖乎氏新寡時間歸視父母家人諷使二適氏

覺其意遽命舟歸久之又迎還勸喻益力氏恚甚閉戸欲自盡救乃免是後母家人噤口不敢言以伯氏子本正爲後正亦誠愿力作晚乃饒給云

李氏陶尊道妻娶氏方五日道病歿餙易容意狀淩遽既絕哀慟誠感左右踰年歸寧父傷女幼無子使其家人時引譬言婦人無夫若子如鳥折翮何以自聊氏聞而疑之詭父歸取衣裝父私喜挐舟送女氏登岸大言爲挐舟者曰好語主人吾嗣子成立乃歸相見耳諸叔俱幼小屬氏卧護之祖

媪性嚴急聞兒啼輒詈之諸母比屋夜從壁間時爲泣下家極貧縫紉浣濯析薪釋米靡不躬行自歸後不復省父父念之令人迎而紿言祖母病急求與訣氏少慈于祖母既聞號泣命舟將行翁知其詐語之故氏乃大悔曰翁言是也堅不往以故父念遂息居十九歲伯婦始生子鎔氏下乳間拘養之鎔後爲諸生氏年已六十二祭酒陶望齡欲白諸郡守旌之氏以貧僦人廬居不欲旌氏性剛毅娣姒姑姊率畏之多敬而寡親全其所守有以

也

李氏秦氏皆六十餘法宜旌萬曆甲辰邑庠生上其事于有司有司謂旌禮詳重一姓二節宜先後以聞移書問宗老宜先者宗老荅曰以節以貧以早寡二婦均也李五日婦秦至旬日其爲後先者乎乃以李氏節上使者奏之詔旌其門〇陶于會稽爲望族理學文章踵生不絕而奇節之婦亦往往出乎其間且祭酒非輕譽人者故均志之

祁氏商周禮妻年二十而寡守節至六十餘歲而卒詔建坊旌表

丘氏袁廷訓妻年二十五而寡端居内閫雖族人至戚不易見享年六十有七

朱氏陸琦妻琦早逝矢志守節事姑最孝教子陸
偉成立萬曆戊子年撫院旌表節孝
朱氏諸生沈濼妻二十七生二子一女濼病故煢
煢苦守舅亦垂歿曲意事姑宗族咸稱節孝子及
孫俱弟子員七十七歲而終太守熊鳴岐旌
王氏陶師純妻純以掾滿考需選卒于京氏新寡
郡貴人聞其賢求娶焉人謂之曰一日羞易忍耳
而終身富貴氏曰吾惟不忍一日之羞故不爲也
性爲難忤而慈愛人卒年八十四

陳氏上虞人陶設妻十九而寡歸寧父母憐其少
陰謀更醮或以告氏與姆桂謀着男子衣渡江走
家人追及譬諭百端終不聽泣曰吾得從地下願
足矣投于河父兄急援之抱持而泣哀動市人送
歸宗黨無不感歎越五年嗣子廷文殤氏憯悼成
疾卒族人重其節葬稷山題曰貞節陳氏之墓
桑氏張大順妻苦節終身知府熊鳴岐旌曰節孝
奚氏王萬柏妻夫歿孤子大顯方在遺腹敬事耄
姑曲盡色養節凛秋霜數十餘載孫士驥兩淮巡

臨御史康熙八年學道金給匾奬勵

董氏袁大儒妻年二十九歲而寡堅志自守風節矯矯享年七十有一府縣給匾旌

包氏董兆龍妻十八而寡無子守節至八十餘

馮氏馬光祖妻年十八而寡舅姑年邁子幼氏艱苦備嘗冰霜矢志殁年八十有六守道葉重華旌

蔣氏張元通妻苦節五十餘年宗黨謚曰節孝其賢又有以節孝傳者[illegible]於[illegible]四世共爨

杜氏李大經妻年二十九而寡子良甌良輔與[illegible]氏

守節課子良輔年十六卒

年七十有五

謝氏袁成吾妻年二十五歲而寡三子一女家貧

苦守絲粟皆得之拮据族人咸稱之

詹氏魏兆洪妻洪染危疾氏禱于天刲股進羹以

療氏年方二十五號痛垂絕以二嬰在褓饑寒苦

守保全兩孤壽八十三歲終崇　年詔旌

謝氏沈應詔妻年十七適詔甫一載詔進京身亡

家貧無子氏立志靡他事姑滑氏十餘年咸稱其

孝至六十七歲卒中外無間言郡守于頴表旌

楊氏劉宗琪妻氏年二十九而寡遺一子甫七歲家貧歲歉氏哭績易粃作餅爲食妯娌欲奪其志氏誓死不渝備歷艱苦日役課其子讀書得遊庠有孫五人十歲喪母撫紳說學皆氏教之也崇禎十七年推官唐煜署縣事表其貞

盧胡湊康熙九年督學金旌其門曰全貞

陳氏姚士鋐妻鋐以諸生試不利抑鬱死家故貧陳氏教二子[illegible][illegible][illegible][illegible]教男紉力績以養[illegible][illegible]

[illegible]成疾[illegible]哀[illegible]過傷[illegible]年而卒

[illegible]氏[illegible]妻年二十四而寡子[illegible]尚在襁褓[illegible]

舅姑[illegible]姑亞[illegible]能撫子孫成立見不[illegible]

[illegible]夫[illegible]為飲食日[illegible]不[illegible]

辨[illegible]不

躬自[illegible]三十八[illegible]

師周氏[illegible]

高氏[illegible]年十二歲[illegible]紡績自活課子讀

書苦節[illegible]五年終子顯襄康熙己酉中式

胡氏庠生倪元瓔妻瓔爲元璐胞弟並殁胡氏呼天號泣廬墓三年事姑甚孝撫養遺　氷霜凜然三院題請建坊人謂其忠孝節義出于一門

白氏包起鳳妻年二十有三而寡子方三歲舅又病故甘貧奉姑義方訓子閭里無不起敬孀居二十載而卒

蔡貞女蕭山人許配庠生余金聲余金聲歿貞女截髮自矢父成其志遂歸余獨居一室布衣蔬食苦節終身金聲爲余煌親侄人謂節義萃于一家

張氏錢珠妻十八而寡克守苦節至九十八歲而終督學洪承疇獎其門曰篤孝氷操方伯史繼辰以節孝完倫額之

李氏陳文錦妻錦以貧病早亾隻身無倚子方四歲矢志靡他撫孤成立年九十九歲而終

陳氏魯一奇妻年十九歸魯數載奇病歿子應奎僅生十月上無伯叔下無田產氏矢志栢舟隻身撫孤成立荼苦備至迄六十三歲順治九年山陰令顧予咸會稽令崔宗泰並獎其閭

魯氏孟春明妻十八歸明姑病甚典衣進藥籲天封股姑疾瘳三年而病復作乃嘗糞知味甜不可療祈以身代竟不能瘳未幾夫又病死將以身殉姻黨感以大義責之乃强進饘粥殘餘雖百苦叢集力作養孤至[illegible]以詩壽年七十餘卒

錢氏嘉靖乙卯舉人[illegible]妻萬曆庚辰進士雲祁母夫早卒食甚[illegible]日夜課子讀書成名卒贈恭人御史張文熙上其事建坊表揚

章氏章頴女劉坡妻子宗周遺腹五月而生氏年

僅二十七屢誓死以殉父解慰之得免家如懸磬

刻苦自勵及子能句讀口授機杼間時氏兄司教

壽昌遣子竟業道經千里毫無姑息及宗周成進

士放榜之日即以疾終于家御史按浙奏其事詔

旌表建坊後累贈太夫人同邑陶文簡志其墓德

清許恭簡爲之立傳

周氏儒士葉汝葑妻年二十二歲孀居子士梓甫

六歲柏舟自矢紡績課子族里奉爲内範清節流

芳入比陶母學道胡給匾旌表

朱氏太醫院吏目張時鼎妻年二十有五而時鼎卒悲號哀毀即欲相從地下以耄姑在堂遺孤乾芳坤芳甫離襁褓而泰芳尚在腹遂以女紅自支飲氷茹蘗其志彌堅凡所以供甘旨者無不備具及姑病終奉湯藥盡喪禮卽古孝子蔑以過出秘笈督課藐諸俱成立克繼先業氏曰吾今可以報先君子于九原矣言畢而逝教授馬鄉月立傳知縣鎖文開以栢舟自誓旌之

[illegible]氏金[illegible]

無儀作娠療令無子氏[illegible]轆脊鋗餽者其[illegible]

[illegible]年志氏號慟指天[illegible]天繼[illegible]氏[illegible]

[illegible]倘所數[illegible]獲[illegible]于皮[illegible]

[illegible]歸矣遂[illegible]丹破[illegible]柩[illegible]

其父母[illegible]墓[illegible]然[illegible]

復[illegible]氏[illegible]經以[illegible]

十[illegible]奠齡[illegible]

徐[illegible]一箎[illegible]史年十九歸箎甫[illegible]

並父母赴京遘疾卒訃聞氏哀慟覔死母苦閑之
置戶毀容罄鬻簪珥歸夫櫬營墳並造巳壙非祭
掃展墓屨不踰閫苦守二十餘年嬰疾母兄彊之
藥餌拒曰吾得早死從夫地下志畢矣絕飲食[illegible]
貧無嗣越中紳士咸作詩歌傳之
周氏朱文實妻年二十六歲而寡止一女伶仃孤
苦堅守不移孀居至七十七歲而終鄉里咸稱之
陸氏璩宗禮妻年十七于歸踰月而寡誓守歷四
餘年瞑目炷香坐卧一小室足不出閫閾

徐氏大學生文志尹妻蚤寡守節終身撫院旌

陳氏陶元齡妻年二十歲守節撫孤[illegible]子[illegible][illegible]

劉氏章養賢妻夫歿氏二十二歲家貧苦節兒宗周時有所遺銖積以爲教子之需及子成人氏旌歿

吳氏陳大忠妻蚤寡苦節六十餘年知府鄭棟旌日及笄貞守彌老益堅孝事舅姑至誠格天其子三遷善承母志以文學稱孫師聖紹聖衞聖恪遵父訓咸篤孝友衞聖婦魯亦以節著師聖子曾孫

際可邑弟子員侍母疾感神兆得延母壽督學胡尙衡批獎孝行陳門世德咸謂吳氏節孝所鍾

陳氏王之泰妻之泰蚤歿一子旋殞氏日勤紡績以養舅姑戊辰海潮爲患家悉漂沒氏編艸以棲乃搆室立孫以嗣六十九卒

樊氏董栗妻栗病癱氏與處相愛敬栗逝人曰孺人爲董者至而年少家貧且無子宜自圖氏乃囓指血以誓立伯氏子繼宗爲後氏曰此吾旦夕不即死者也久之姑歿營葬畢貧甚歸養母家弟婦

[illegible]言時嘗之氏不爲意爲其家作勞勤倍臧獲猶翁媪及夫諱日必歸石浦村哭奠至老不倦萬曆丙子季夏卒于弟家年六十病革呼繼宗泣誡之曰汝立心爲善吾死且瞑言畢而歿禮部尚書羅萬化嘉其志行爲言于撫院溫公純將上其事于朝會羅萬化沒事遂寢太史陶望齡爲作傳

王氏齊潮妻年十八歸齊潮入貲爲郎將謁選行婦以夢不吉請止無往潮不聽婦請從行偕至潤州潮病且亟婦刲股投藥懇禱血穢焚楮方是時

婦壽姑老家居三歲于一娠在其腹潮疾甚[illegible]婦

王[illegible]老稱[illegible]婦[illegible]誓不負俄而潮卒婦年方二

十一[illegible]歸[illegible]動鄰里及治棺殮[illegible]

還越[illegible][illegible]以祖墓歲久不辨昭穆使[illegible]地嘗

[illegible]親[illegible]既年少子弱宗[illegible]豪[illegible]遺[illegible]

[illegible]誘[illegible]引刀呼天斷左手指無[illegible]

[illegible]吾有他志者如此指豪[illegible]遂寢事[illegible]

[illegible]孝養[illegible]晨夕相依閨政肅然[illegible]

[illegible]者[illegible]在是[illegible]

疾革豫知死期沒時七十有五孫三益爲衛募官京師屬祭酒陶望齡爲傳可謂不忘先美云

劉氏庠生李上珍妻守節奉姑巡撫許題旌節孝止遺一女配陶景麟遂殯陶堰荷花圖

樊氏章元雯妻同族姐妹爲妯娌元雯弟雲雯俱幼亾氏姊妹勵志苦節家極貧以女工度活俱享上壽縣令唐時舉表揚匾額雙節

徐氏嚴守禮妻年二十四禮卒事姑育孤苦節終身享年六十有四本縣給匾表揚

吳氏章正思妻思贅妻家彌月而歸旋即出痘而
殁氏奔喪守節父母强之他適氏誓死不變終身
布素享壽而終
王氏章冠冕妻幼年孀居瞻姑撫孤萬苦備嘗姑
年八十有二患病垂危氏刲股救甦給事邵之詹
贈匾貞孝格天蘇州知府余廉徵贈節孝歌并序
嚴氏章允賢妻十九歲孀居節著閭里里族欲具
詞請旌氏辭曰守死弗嫁此婦人應得之事若然
則累我矣享年八十有一無疾而逝

戚氏章旻妻十七歲孀居苦節六十餘年鄉族無不敬之家貧常斷烟火終無變志

董氏章守謙妻謙隨父之任粤東病歿董氏年十六聞訃輒截髮毁容守節盡孝而終聞之郡邑以節孝表其門

嚴氏章賢妻二十歲夫亡家貧績紝饑寒備歷苦節著于閭里年八十一終

徐氏章夢祐妻二十七歲守節云五四十餘年本府表揚

陳氏章懷仁妻十七歲孀居苦節六十六年有傳

志劉宗周筆

顔氏陶砥齋妻砥齋少慧早夭氏年二十八二子穉弱泣血茹苦足不踰戶者五十年宗黨稱爲完節

包氏儒士王汝華妻貢生王諭之婦庠生包梧女年十七翁夫俱逝家亡擔儲紡績以贍姑因無子人勸之他適氏剪髮矢曰儒家女爲儒家婦未亡人唯一死以報幽冤耳鄰婦復勸之以刀封面聞者莫不哀敬縉紳姚允莊包梗聞之當事給以旌

匾題曰貞節卽完貞烈王振宗承祧復[illegible]孝聞卒之
年八十有七
易氏章士華妻蚤年孀居甥劉宗周揭報表揚
陶氏章夢斗妻年二十七夫死撫孤守節三十餘
年而卒院道表揚
棠氏章子李妻年十九而寡三世俱嫠有人勸其
改適氏曰吾非不知家貧難遂吾志吾去如舅姑
祠如三世祭祀何孝養終身喪葬如禮卒後里老
詣于縣匾其門曰節孝可嘉

吳氏馮秉忠妻二十五歲忠歿一子尚在[illegible][illegible]親族以氏家貧勸其他適氏矢志不從[illegible]事舅姑撫育其子終身不施鉛粉不服綺麗壽至百歲無疾而終

童氏庠生章以裁妻以裁早卒孤子尚綿又苦讀嘔血歿家貧饘粥不繼氏紡績以撫其孫貞嘗謂之曰汝藐孤讀祖父書學忠孝事吾百歲後魂魄慰懸懸耳孫貞乙未成進士歲[illegible][illegible]養之功

[illegible]

嫠又早卒備還一孫裕此

高氏章得中妻生三子得中蚤卒氏年僅二十有四姑陳氏垂老在堂長子夢寉僅七歲氏苦志甘貧養姑課子享年九十一歲

金氏石美中妻幼聰慧好讀書通列女傳于歸美中借任三吳每脫簪珥佐不給未幾以奄苴玷甯自且奉姑至孝刲股愈疾迨美中卒家業蕭然矢志課子教其子之貞舉順天鄉試之貞婦張氏克盡誠孝姑耄無齒艱粒食張升堂乳哺金孚爵

皆張善調旌之

陳氏庠生張爕爲妻蚤寡撫孤子煜芳熾芳皆登

進士壻商周　姒與熾芳同禱奉旨建坊旌獎節孝

張氏章如鍔妻　閨範聿修　夫如嚴君痛夫之蚤歿悲

號欲絶及殮畢遂自縊于柩旁聞者無不感悼族

人爲之舉喪

梁氏章偉妻二十二歲孀居以家務屬叔代理内

無三尺之童僅一老婢相終始享上壽而終

章處子許字王新建之子因變輩後父母嫌其貧

更受他聘孔婦露其語處子癡哭截髮不下樓

沈氏嚴大儒妻幼而慧十歲通女誡及女論語于歸數載輒稱未亡欲相從地下舅姑曲諭以保孤大義得不死丙夜篝燈訓其子女必繼之以泣雖處至親歡然時未嘗見喜笑容嫁女雖荆布楚楚然縷絲手澤不遺餘力聘婦雖鞶帨勿尚而實慮家嘗少節孤子早歲能文相期成名完姻奈試事不售輒遘疾卒氏泣曰予貪生至今日者爲存孤也孤亾與亾奚用生爲遂卒享年五十一歲屬

節二十八年女適柴氏外孫庠生宗達

馬氏章允賢妻蚤歲孀居翁姑恐其不能堅彊之他適氏號天哭誓與盡孝養郡邑給扁表揚

嚴氏錢國麟妻年二十二而寡無子煢煢苦守節凜冰霜壽至八十二歲而卒

馮氏寧晉丞余平昇妻昇卒于官氏年二十二遺孤平遠甫三歲家貧無以歸乃盡易嫁時衣飾扶柩歸葬稽山紡績以奉姑晝夜課子子長而力學聲名蔚諸生間孫公稷亦克繼書香太史王自超傳其節

孝名公鉅卿贈詩餞朕宗伯龔鼎孳顏其堂曰存
蓼莪欲其存詩以慰孝心也
皇清章氏金日昌妻年二十歲而寡幽貞自矢事姑盡
孝順治十五年御史王題請欽旌節孝樹坊五雲
門外
孫氏鍾大成妻二十六歲夫歿艱貞守節歷久不
渝至八十二歲順治六年縣令崔給匾表揚
章氏張徵錫妻年十九而寡斷髮毀容誓以歿殉
家人日夜守之得免舅張維堅仕長沙欲攜之任

氏不願扶柩歸寄居母家閉戸苦守虔供夫像飲食必祭悲思哀悼聞者無不感歎

柯氏戴應龍妻年二十二歲而寡守節撫孤至八十五歲巡撫部院朱　題請旌奬

陳氏徐應魁妻二十四歲守節至八十九歲人無閒言崇禎間知縣楊鵬翼旌順治十五年知縣黄初覺給匾旌康熙七年知縣王安世給匾旌

馬氏陳繪縱室年二十三而寡舅年八十有四子方一歲養老扶孤備歷艱難今年七十有六

[illegible]氏劉[illegible]以[illegible]七歲[illegible]課讀[illegible]丹丞

[illegible]上公[illegible]旌表[illegible]孫沈象毅學[illegible]旌

[illegible]氏[illegible]之二十[illegible]歲而寡家貧[illegible]三十五

長經[illegible]至今[illegible]歲稱[illegible]

王氏[illegible]妻[illegible]

享年六十一歲

王氏庠生祝孟鳳妻年二十四[illegible]寡[illegible]幼家貧旦

暮不支身勤操作苦節自勵年今五十有六

氏夫阮廷諫入北雍歿于邸氏欲以死殉因姑

老而瞽子迴歲無以養故苦守事姑生孝謹姑年八十一病危割股以療守節五十九年如一日

沈氏阮信宇妻年二十六而寡室空如洗無子可嗣破屋半間朝夕哀痛紡績苦守至六十三歲

王氏魏克生妻克生爲亂兵所傷氏年方十有七歲苦守養姑繼伯氏子爲嗣享年五十餘歲

魯氏鈕萬順妻早寡繼如昇爲嗣家貧堅貞勞瘁不辭享年七旬府縣給匾獎

王氏印經妻年二十一而寡家貧苦守事姑撫孤成童

盡艱辛年七十有一

林氏莫雲亮妻年二十九而寡家貧子幼矢苦冰霜并日而食迄今四十餘年子稍成立

錢氏韓鎮妻早寡家貧無子翁姑老病氏勤女紅以養三代俱未葬氏以一身任之繼子全信爲嗣

沈氏劉文淵妻家貧守節事姑撫孤人稱節孝

鄢氏庠生潘大衡妻年二十四而寡無子氏號慟殞夫後卽欲身殉以舅姑在堂守節終身

沈氏商周策妻年十八歸商甫三歲而寡遺腹生

子郎矢志守節縣令張應薇旌曰操勵氷天

柴氏陶性六世孫志遂妻年二十餘夫逝遺孤嘉甫四歲煢煢無依紡績奉生繼二姑疊遭失人喪皆氏竭力以殮又合葬五棺俱獨任晚年[illegible]曹山石賁山房側置采菊堂避俗獨處享年七[illegible]有九臨決時勉旨視其子媳曰汝可無愧[illegible][illegible][illegible][illegible]忍字而已謹志之子婦割股以救雖不效亦[illegible][illegible][illegible]孝之感

繆氏庠生周弘甲妻無子早寡苦節[illegible][illegible][illegible]餘二[illegible]壹

繼娶如氏爲妻夫力女二一幼適陶穎昌

王氏王龍溪孫女庠生陳尉姚妻姚歿無子[illegible]叔幼氏紡績贍養以成夫志苦節終其身

柴氏庠生徐如翼子承燕妻二十[illegible]夫早夭苦節至七十七歲

徐氏王三重妻苦節四十一載浙江憲司兼學[illegible]以金旌獎

胡氏庠生倪士焻妻于歸四載士焻病危氏籲天祈以身代刲股血流滿地士焻卒哀痛哭泣誓以

身殉水漿不入口者五日又自引絕者再姑抱氏泣曰吾兒死不可使無後汝懷娠四月天若不絕吾兒得男雖死猶生也氏乃含淚唯唯生子坤口授孝經小學諸書二十餘年足不履中庭姑卧病匍匐侍左右供湯藥夜不解衣帶者數月因致疾將歿誡子曰吾不能事姑終天年死有餘憾汝善事祖母以成吾志語畢而逝宗人謚曰孝節

薛氏趙三漸妻十九而寡苦節五十餘年宗伯胡兆龍欲爲之題旌氏謝曰守節是婦人分內事斷

不敢有煩也鄉人益重之

王氏陳三德妻弱齡早寡有勸氏改適者則截髮毁容立誓堅拒遺孤大臨年稍長家貧無力就傳氏躬自句讀教之及壯才名日著補國學上舍尋除廬陵縣尹致政歸氏令出所積俸薪周給貧乏不可勝計未幾大臨又殁氏撫尸大慟婦朱氏恐姑年老過悲百計勸止事奉艱辛人稱孝婦鼎革後長孫泰隨征入閩多樹奇勳氏就養桐城時盜賊竊發牽累甚多氏囑泰虚心鞫問多得平反閩

人德之一日召家人環待端坐匡牀無疾而逝終年九十有二兵部左侍郎黃縱亂爲作墓銘國史院侍讀學士富鴻業爲之立傳

吳氏王啓錫妻幼時父養正常以列女傳示之輒通文義數日閨閣洵當如此及于歸七年夫歿氏年二十四誓守節惟勤紡績孝事舅姑訓三遺孤親師取友族黨有貧乏者脫簪珥周之歷年七十有四時夫之始祖舊有墓在山陰竺里山即宋大儒名佐者故勅葬此康熙己酉年有同族人盜賣

其山氏聞之號慟數日勉其子與其族人力捨當道而祖墓賴以安鄉人稱其節孝且好善知大義

蔡氏庠生蔡國祚女配朱慶孫朱曾奭爲妻彌月夫亡遺腹一女堅貞苦節四十年而終

其氏陶四一妻無子年二十一守節至七十八歲

孟氏薛允勛妻蚤寡苦節事姑咸登上壽

徐氏張萬祚妻封股愈姑疾萬祚任吳江解餉卒京邸氏苦節撫孤長子彩亦封股救母次子彬仕屯留縣令辭職歸養人稱節孝之報

馬氏梁一衡妻一衡亡時年二十七無子家貧煢煢姑媳幾不能生勤苦奉姑八十九歲而終氏年五十有七邑令王安世表其門曰節孝

陳氏姚世治妻氏隨父居京師世治南歸父謀改字氏易衣辮髮作征夫狀覓夫于濟寧泣曰逆親不孝旅行無儀既見君子妾事已畢奮身投河死

來氏蕭山來夢麟女適會稽儒士史遴節夫病割股求代二十四而寡繼姪義尊爲嗣苦節終身

章氏張汝梁妻向賓卿章伯渾之女年十九適張

二十三而夫歿一子甫彌月哀痛欲絕服闋徙居
母家撫孤甚嚴曰是兒早喪父不得不以義方責
之名其子曰貞芳氏年六十一而終

嚴氏會稽庠生史在鎣之婦二十而寡上有耄姑
下有幼子矢志自守勤於鍼黹菽水承歡詩書課
子里稱節孝人無閒言府縣給匾獎勵申請候旌

尉氏儒士范懷義妻相夫誦讀年二十七而寡遺
孤甫八齡撫養成立有丸熊畫荻之風年至七十
有四無疾而終范族自止水二女之後世有貞操

萬曆間邑令翁愈祥表其門曰貞節康熙丁未學憲李如桂額曰止水嗣芳戊申學憲金鏡額曰封髮完貞巡撫范准條彙　題旌表

史氏李廷順妻于歸六載廷順卒家貧以遺資易奩具有勸其易志者遂引刀截髮以自誓氏布褐不完胅事舅姑必盡孝養孀居三十八載而卒

沈氏章生袁大琰妻年十五未字兄亡奩[illegible]母[illegible]股以進母病遂瘁後適琰事姑至孝[illegible]

[illegible]姑還隨母[illegible]似壯胥孝養有加及母病

毀骨立越數載夫亦疾卒遺孤茂育年甫七齡遂益堅忍自勵治家嚴整閨門雍肅越十載育年一七遊庠適氏遺劇疾卒時年五十有九

魯氏富盛鄉童祖靖妻早寡藐孤二乾吉坤吉乾吉妻徐氏早寡無子坤吉妻章氏亦早寡藐孤二汝相汝楫汝相妻章氏又早寡藐孤二振德振先汝楫出繼乾吉爲嗣妻范氏太守范雲岑曾孫女無子早寡繼姪振先爲後其妾蔡氏亦無子苦守三世寡而貞年皆二十餘苦節數十年而卒此亘

古所未有而蔡妾尤爲奇特云

唐氏儒士金國榮妻青年苦節撫孤文元成立以孝行聞孫培城俱習詩書皆天之報氏也郡縣俱給匾旌

章氏莫應期妻十九而寡無子苦節以事舅姑逾六載而猶子友仁始生即撫養訓誨以續應期嗣凡年五十六而卒宗伯龔鼎孳表其門曰節孝

黃氏陳湜妻同妾張氏苦節三十餘年孫子集善承母志媳余氏太史煌之妹割股療父裴于歸後

事嫡庶二姑極其孝敬宗黨咸重之

周氏姚允逵妻罄資助允逵援例國學逗京邸參貧奉舅姑盡禮割股愈姑疾單居者五十餘年子士鎮官長史封氏爲宜人女適余增逵

鄭氏董昌十七妻年二十四而寡止遺一子夜夢夫語之曰有迫汝者將奈何氏應曰一死而已遂驚寤次日果如夫言氏方斷菜即自斷髮曰少有二心即如此髮辭色凜然衣一絮衣二十餘年舉以示媳曰此女舅在時衣也雖歲久勿敢易今無

愧矣享年六十餘而卒

沈氏章正宸妻篤孝舅姑賢而有氣節當正宸未第時以紡績佐讀及正宸登第入諫垣兩下獄同官爲之危懼氏曰豈淸白如此聖明終不鑒耶不爲變邑殆正宸離家後布衣茹素屢遭危險以義命自持鄉黨重之

倪氏孝廉董懋史妾懋史卒氏年僅二十有二二無所出矢志自守苦節四十餘載卒年六十有八

王氏庠生柴震元妻早寡艱苦備嘗晚節益勵止

一女適余

某氏某人妻失其姓名傳聞氏早寡父母諭其祝髮爲尼氏泣曰女祝髮與時舅姑百年終誰帶孝髻耶及舅姑喪葬畢不食而終如此奇節姓名不著于人聞其他隱淪可勝道哉

祝氏金大紳妻年二十三大紳卒氏毀容髡薙誓以身殉時子幹甫三齡姑王氏淚諭以存孤勉從姑命家貧朝夕饘粥出自紡績居常獨處一小樓匪祭祀家人罕覩其面士民以苦節稱之享年八

十六歲曾孫御史蘭具疏旌表建坊扁額曰恩褒

貞節

李氏沈允德妻氏本桑盆嶴家女歸允德二載產一女允德病亾婦擗踊頓絕矢以身殉鄰媼以年少勸勉之氏曰婦以夫爲天未聞夫死而可獨存媼曰有老姑弱女氏曰恐身存有奪吾志者雖欲善姑不可得至匾匕稱女又烏足顧因乘間取鹺飲之復慮爲人所救投繯而絕距允德之亾僅九十一

張氏李永昌妻性至孝姑臥病三載夫遠出[illegible][illegible]

歷奉湯藥姑歿治喪如禮及永昌卒于京邸氏數千里奔其喪返葬祖塋順治戊子潢池弄兵氏嘆息謂諸娣姒曰吾守志垂二十年巳誓一死比寇氛漸偪氏潛啟戶而出其子若婦急跡之莫知所往後于河濱得一遺帨綢其屍弗獲有頃半里外乘流而至顔色如生笑容可掬舁歸諦視之衣裙縫紉綿密不可解

金氏徐國仕妻年甫十九而嫠幾欲殉夫地下以子赤垣方幼忍死撫孤朝夕訓誨卒底成立母子

梏據起家里中稱爲素封縣尹周燦旌其廬曰娩美懷清氏年九十五孀黨推始終完節云

倪氏庠生李卓妻氏年二十九卓入闈得疾不起氏幾不欲生以撫孤自存歷二十餘年端莊勤儉慈愛訓誨有子五人疉昇晨星景皆能成立

徐氏莫如玉妻年二十九夫死遺腹三月生子名京親族凌逼氏甘心凛冰霜教子威立身列貴宮享年八十四卒

俞氏劉子壯妻年二十七而寡遺孤二俱在襁褓

姑嫜相繼亡內外皆欲滅孤辟壽氏曲[illegible]撫[illegible]成
加者情愛之垂誕者慨昇之訓子慈而嚴[illegible]
成立守節二十二年而卒名公鉅卿多有贈言
周氏馬子秀妻夫病刲股以療年甫二十而寡家
素貧事耄姑撫穉子孝養罔怠踰八袠乃卒大
節勤苦成立母疾亦兩刲股以進咸稱純孝聚於
一門邑令揚鵬翼旌其門曰鶴齡松節
傅氏庠生曹伯企妻伯企青年力學氏與伯企同
庚寸歸僅數月伯[illegible][illegible]遺腹一女柏舟自誓工鍼

措以奉舅姑壽七十八歲堪稱節孝

郁氏國學生白紹仍妻氏二十八歲礽卒生二子一女長璧次錫俱幼舅姑早逝親族無依然必躬勤紡績延師訓子每冬夜親爲董課二子學業爲時流所推重撫長孫有程恩踰母氏享年七十有三而卒後孫有程以幹才任太和縣尉曾孫肇嘉以貢舉授縣佐

沈氏儒士陳景信妻景信早卒氏爲盡哀守節撫孤子有臨教誨成立得繼先業

傳氏庠生吳士標妻姑病家貧刲股以進姑病得愈後以伯氏獲罪繫京獄追所侵欠促其夫入都代繫伸伯氏還里辦納夫以病卒于京氏年二十五歲遺一子一女俱孩稚家益貧值崇禎庚巳年間大歉手削木皮劚草根以自給親故屢以改適之事進氏以死自誓年七十三

傅氏庚午科舉人傅克相女年十七適庚辰進士王三俊之子士浩爲妻越二年士浩病故氏年十九矢志守節撫遺腹一子家貧以女紅自給歷二

十餘年如一日云

黃氏儒士王飈妻年二十六而寡姑葛氏守節有善黃氏奉姑孝養脩至撫孤子世于課讀補庠生病劇其媳金氏係舉人葭女刲股救姑姑苦節五十餘卒後金氏亦復孝養祖姑十餘載宗族共欽子誠熙誠照誠煦無失家聲

魯氏偁塘民金潤妻年二十夫亡事姑撫孤勤有禮法姑嘗病篤氏籲天請代竟獲痊氏至一百十四歲乃卒姑終完節府表建坊匾百歲冰霜

金順姐保坻人父大悲任寧宗府通判崇禎九年以守城功加陞四級順姐隨父于宦寓昌平州遇難破城投井死時年十九

王氏俞一理側室婉娩雍容無忝婦職一理疾且革氏割股露禱願以身代衣不解帶者旬日生子有章稍長誨之尊理師傳篝燈課誦有章恪凜庭訓順治丙戌舉人歷任禮部儀制司主事氏早卒不及祿養

覃恩誥贈宜人

孫氏儒士諸瓚妻早卒氏止生一遺腹子孀居四十七年孝慈恭儉氷壺玉潤宗黨稱爲節孝

陶氏會稽陶輿齡女中丞徐如翰子廷玠妻事舅姑至孝媳張氏張元忭女姑病不起氏日不交睫日夕侍左右刲股以進病俱得愈人咸謂孝思所感孫媳張氏亦孝聞親族既卒銘其旌曰貞順三世俱以孝稱

朱氏庠生陳綵妻綵死時年二十有一無子撫繼子辛勤備至甲寅歲山寇竊發臨獨抱大木主奔入

病減曰吾事已畢即死無憾父庠生朱深疾甚剸割股療瘉人咸稱之爲節孝

陳氏郡庠生孟繼錦妻繼錦蚤亾氏卒脆姑四十餘年夙夜罔怠曲盡孝養撫二孤躬耕績鄉里咸頌爲賢母

沈氏徐守謙妻二十四歲守謙亾遺一子未幾復夭乃繼伯子爲嗣饘粥不給事姑以孝聞陳氏徐守道妻二十五歲而寡一子方幼紡績餬口孀壁矢志貧守終身康熙十八年鄉黨共白其事郡邑

知署縣事許公乱旌之日一門雙節

會稽縣志卷第二十八

序志

舊志序　舊志凡例　舊志總論

舊志脩於明萬曆之甲戌歲釐爲四書曰地書曰治書曰戸書曰禮書著總論四地書之目六曰沿革曰分野曰形勝曰山川曰風俗曰物產治書之目二曰設官曰作邑戸書之目四曰戸口曰徭賦曰水利曰災異禮書之目七曰官師曰宦績曰選舉曰人物曰祠祀曰古蹟曰寺觀目之中各有所

屬著論於其後計十有五首新志方之府志條目去四書之名增爲三十四論自舊志十五首而外其十九首與府志同迄全稿授梓繼奉檄緝縣志余亟取其編力芟繁蕪摘疵纇遍采輿評備爲稽覈凡四閱月再易梨棗未敢曰可續舊志之後也相傳舊志著論出徐文學渭筆也其十五首既列篇端所益十九首俾俞生嘉謨匯爲之其總論無所屬乃於篇終重梓舊志各序凡例以次而及於總論志不志也

南北土之肥磽則播種之法無所施治邑者亦若是故首地書夫既察其南北與肥磽矣而播種之無法可乎故次治書治書者擇農之人辨農之具與其廬也治之之要養之教之而已養之教之者舉農與具以培穀既培之而必别其脩之勤惰與其種之美惡以爲久遠計也故次戶書以明養次禮書以明教嗚呼四書具而爲邑之道畧備矣使祿于茲邑者因是書以察地之宜與治之要術循其民而導之以嚮方如農之于畝使他日謂是刻

也不足于華而有裨于實用則余小子其斯可以
釋媿也夫　修撰張元忭撰

夫陳彝表極徵信考衷以鏡得失昭鑒戒者莫善
于志古者小史掌邦國之志而後之志郡邑者宗
之是故則壤成賦本諸禹貢辨方正位稽之周禮
紀年繫事取法史遷體備諸家之作義兼列國之
史矣而可易言哉會稽本以山得名又禹所巡也
遂以名勝擅于東南自封建罷而爲郡郡析而爲
邑併分因革世道污隆于其間矣從而志之以維

模也爰稽往牒若王龜齡之賦工詞翰而少典則陸務觀之志務該博而乏體要迄今曠闕又三百年矣例以今之會稽事多不類莫麗有定經制莫詳焉在嘉靖初郡守以志事檄屬縣維時長吏暨文學士一加蒐輯尚無成書豈事有待而時有會耶萬曆紀元楊侯惺泉蒞茲邑其爲政識先務達遠猷銳意修舉適張太史陽和以歸省家居遂以志事爲請曰此史氏之職也古有立言以垂不朽惟執事圖之太史氏慨然曰余昔侍家大夫修山

陰縣志嘗與聞其義矣敢不艮圖于是删訂舊藁旁採近事定例以正義分門以聚類挈綱以統目爲圖經爲年表爲傳志爲論述釐爲一十六卷歷數月而書成既刋布矣楊侯謂予嘗序其端子謝太史氏之義例嚴而名實核矣予更何言辭不獲則申告之曰天下者一邑之積也一邑者天下之推也知所以治邑則知所以治天下矣而可無志乎志者政之紀也教之軌也審于斯二者則于治幾矣而可不知所重乎將欲誠之空言不若見諸

行事是故觀于戸口之登耗而勞來休息之惠不可不務也觀于賦役之煩簡而劑量均一之規不可不守也觀于土田之腴瘠而攺壞冒隱之禁不可不嚴也觀于風俗美惡而化導轉移之幾不可不審也觀于人才之盛衰而條教課試之法不可不慎也其他稽星土以察災祥審形勢以示守禦修陂塘以時蓄泄秩祀典以昭崇報明職守以敘勳績皆志之所以爲訓也稽于古而有獲通其變而使不倦此在司民牧者加之意而已則斯志也

固經世之典也豈待予言而後傳哉　僕卿商廷試撰

會稽自建邑以來千有餘年至楊令君維新圖于太史張公而始有志又四月而刻始成且布也請序于余余讀之見其列書四首地書次治書再次曰尸曰禮爲養與教之書而括其意謂養關于地之物產教關于地之風俗夫地當其始也芒芒一物耳雖未嘗截然自爲九州又犂然自爲郡與邑而風氣物產之呈固隱然有九州郡邑之界存乎其間而養與教之具亦無煩于舍此而別有所取

然而地之道止于是矣于是州與郡邑之域與長吏之治作而養與教之道舉盡天地之權有所不行于風氣物產之後而始假吏以濟之是道也高冠而談者類知之及書于册則往往若有若無雜見而錯于紀豈謂書志者與論治者固不相謀也其殆未知天地之與長吏交相濟以爲治之理矣而今四書中所列正其義也是義也非太史不聞非令君不能信之深而行之敏若是噫吾于是而有以卜會稽之治矣

曆三年知府

滇南彭富撰

邑之貴志非特爲令者取舊政之可師與才賢之可表于以佐化理于一二而遂已也蓋將察風俗之美惡稽物産之登耗約徭賦之重輕與山川水旱之所由以出利而入弊時調劑而張弛之殆舉百里之大聚方册中目注心營而坐致其理不煩下堂而得之此邑之所以貴志者貴綱舉而目不能逃也然其道雖全而寡驗卽驗且緩不若簿書期會與奔走將迎之事一得則共指以爲得一失則共指以爲失其爲效明而

且遠也惟其如此是以任者往往多急于此而忽于彼即有志于爲其全亦泄泄然倏然雲興忽然風散矣余昨叨會稽者三年既而覺志之貴于邑者如彼已上記白省中將料費設館頗有端緒顧謬以名行矣繼余者爲丹徒楊侯首下車值太史張公在告以圖之而書遂成至是謬以序來屬余讀之感曰是書也余當時頗以不及親舉爲已咎及今觀之使當時而果成則未及太史之南安得董狐丘明筆一光簡册若今日哉然則余之咎殆

書之幸也雖然余始而侯能終之固深幸矣抑余

圖于趨名之終而侯能舉于下車之始余誠不能

無媿于侯之早見也歟　知縣内召給事祥符楊節撰

會稽以山稱始夏至于今四千有餘年以邑稱始

隋至于今千有餘年地非不名世非不久長茲土

者非不多也而志則尚缺萬曆甲戌新昌松陽楊

令是邑念之檢禮牘得前令楊公節所圖已有緒

可舉遂以請于太史張公元忭閱六月而書成又

四月而梓刻是爲萬曆乙亥之三月余始覽而欣

之既復嘆曰會稽以千餘年之久未有志然而未嘗不治也志果關于邑而不可一日缺乎未盡然也然而今之譜奕者非謂無譜則奕者盡不能奕顧必譜者以爲寧譜而備善奕者之或遺毋寧恃其善奕遂決于廢譜而卒果不免于遺也志果無關于邑而可以千餘年缺乎亦未盡然也噫此余之所以必有事于志歟然而前此圖之者亦屢矣而竟不克就也旁觀者嚴于責備曰志必超于人如是如是不則不稱任事者苦于得謗曰志必

徇于人如是如是不則不免于人言而不知任事者不問其盡稱與否果肯握管以書即不能愆副旁觀者之所云然豈無一二之補不猶愈于歷千有餘年無一字徵于文獻者乎今太史者古所稱備史之三長者也郡邑之志即間有遺殆亦咨討者之未豫歟呂覽出懸千金易一字都人不敢易是文信之威藉之也而史通一書徒能詆前作者又無所追益于其間是劉子之妄也今邑何所藉哉且又未敢謂是書必不可追益諸君子在今日

誠可易則易而啇之以俟慎毋爲都人其在他日必有繼此而脩之者正可舉所啇者以酬其追益慎毋爲劉子斯不負于會稽矣知縣楊維新撰

舊志庠生季　寅

金　鍾

馬鳴春

儒士王雲鶴

陳大壯校正

舊志凡例

一志諸書大約稍因邑人金階馬堯相氏家所藏兩舊草如署屋之紀直已幾間山川之紀直曰某山某川壤畝錢穀之紀直曰幾畝幾兩幾石物產之紀直曰某物者俱不改其舊彼摹數語數字于禹貢周禮山海經若史記貨殖傳諸書者以避俚俗之譏則似矣而于考正顧不若直書之明覈故不敢取彼而舍此也

一戶書所關者尤大故頗詳比徵法復大變故亦

無取于舊草獘所終利所始非移不悉故悉載諸移正如上條所云特重于考實不敢避俚俗之譏云爾

一制作諸人雖在先輩直書其姓名曰某竊取於臨文不諱之義而姓名之上初見則書其朝再見則否如三五人同是唐朝則以首一人系唐字其他則否如三五人俱唐人而中有一宋人初見者雜其中則亦系一宋字至于綱之書或目之序事已著朝代者姓名上以圓圈方圍别例不一並取

隨文便覽觀者宜自得之

一志中有一事屢見雖繁而實不可殺者特從賓主之分而詳畧其文耳

一諸制作各列其目之下以不立文字門故不甚省至所著書目當立典籍者以各見其人物傳中故省之

一傳類凡十六曰宦蹟列賢寓賢貞烈藝術仙釋非歿久論定不傳間書數語于兩表中若墓者爲傳之別或見聞所不及者俟續書焉夫作合道有三

年不成故是志也忭與徐子渭因稽文而參定之于鄉先生未暇編節特爲之粗創云爾至其補闕不無望于後之君子張元忭

舊志總論

余志會稽首地書而地之目六曰沿革分野形勝山川物産風俗是也考之王制曰廣谷大川異制民生其間異俗剛柔輕重遲速異齊五味異和器械異制衣服異宜修其教不易其俗齊其政不易其宜夫所謂川谷卽地書中之山川也其曰廣大則形勝也曰民生剛柔輕重遲速則風俗之所由也曰味曰器曰衣則物産之流也四物者之受成於地也亦猶冶之于器劍不可以爲鈇而戹不可

以爲壺工人者亦就其近而稍襲之耳故曰五方之民皆有性也不可以推移其教可循其政可齊而俗與宜不可易今夫天下大器也會稽亦治中之一器也長是邑者猶工也告工以其器故必先治告長以其治故必先地或者曰地先而邑之沿革則後若夫分野則天也天又先于地子志地而首沿革何也曰呼馬者呼驪馬則他馬不得應徒曰馬則他馬得應之今志邑者不首沿革是呼馬而不呼驪馬也他邑者皆紛起而應之矣亦奚適

于分野

夫有地如會稽則不敢闕而教養之政可施矣然地不能以自施也必付之能者曰設官官不能以露而出政與民之露而處也必付之匠曰作邑自周之有官曰正始以至明之有官曰知縣而止其屬凡以數十百計悉官之設也自居縣之官曰署始以至衞民之居曰烽堠而止其類凡以九計悉邑之作也斯二者因地以爲治也故統之曰治書計邑口以料民自軍竈至僧道其類十有七其數

六萬有奇計邑畝以料土自田至瀵其類七其數七十萬七千有奇而口之役于上者二曰銀以僱役曰力以自役今悉用僱役其人五百八十有九其往役之所六十有八畝之賦于其上者二曰本色以便近輸曰折色以便遠輸其目七其總會之數米五萬二千六百六十二石有奇鈔九千三百四十五貫八百文有奇而名之貢與諸榷之不出于畝水利災祥之不關于賦者不與焉夫是以與畝名之貢與諸榷上資其養於民亦上所以養乎民者

也凡養之義類屬戸作戸書戸書者與地書中之
物產則關也而物產出乎山川山川地也地從星
星從邑之沿革
夫民有養則可教官若師皆教之之人也教之則
必有以風之故官蹟選舉人物出焉而若寓賢若
貞烈若藝術與仙釋皆人物之類也故悉隸於人
物志祠祀以追崇其賢有德者也志古蹟以不忘
其賢有德者也其於人物亦類也而繼之以寺觀
何耶寺觀固二氏之賢有德者棲也亦聽其徒以

賢祀之耳且彼二氏之教與吾聖人之教迭爲消長者也寺觀之盛衰吾以是徵世教焉故不可得而遺也噫邑而至是亦備矣而總之不外乎教凡教之義類屬禮作禮書禮書者與地書中之風俗則關也而風俗因乎山川山川地也地從星星從邑之沿革　徐渭

凡例續

一史書禹崩于會稽又書少康封無餘于於越以祀禹墓少康之世去禹未遠始祖王陵豈容少溷楊升菴所據者謂蜀中掘地得古碑有李白所書禹穴二字按蜀之石紐鄉禹所生地其所謂禹穴者乃生禹之穴非葬禹之穴也太史公上會稽探禹穴是連屬語升菴故作剖裂以恣舌辨此皆文人謬執已見以亂古典悉應刪去不必存疑

一古會稽郡所轄最廣今以閩論則除福州爲閩

越以浙論則除溫衢爲東甌其他皆郡地也合江南之蘇松常鎮則所謂會稽郡者今且爲府二十朱買臣以吳人出守會稽漢武帝曰子今衣繡歸故鄉矣建治姑蘇後世不考或傳買臣爲越人且以太公望覆水事附會之而會稽一邑則有覆盆仰盆汘香橋等地香橋之說則曰買臣還鄉名香橋也不如香橋在梅園衕側陸放翁種梅行人多下橋上聞香故名之世俗盡附買臣則陋甚矣如此類者並加訂正

一會稽與山陰其界止一水故二邑之人互買產弗問互僑役弗問互訟獄弗問互考校弗問且郡城爲八邑之人所聚多遷居焉其姓之最著者餘姚之孫之王之呂之姜上虞之徐之倪之李嵊縣之商皆登山陰會稽之版籍久矣然孫忠烈王新建呂文安姜宗伯徐中丞徐少司馬李中丞倪文正商冢宰志之山會者未嘗不志之原籍比入府志咸歸一焉

一會稽東有娥江北有大海南有杉木駐日嶀山

諸嶺恃爲天險而西界山陰並皆平壤攷之晉書五代史保越錄凡險隘之處俱知保守而獨於山陰平壤膜不關心近瀕海無事而小盜及在萑苻近地則戍守廵邏可不加之意乎馬援曰臣歷井陘之險憂馬蹶軌轡甚恭幸而無失此至平路放轡自逸俄而顛越此言雖小可以喻大

一陵谷雖未變遷而山水顯晦亦有其時城中向傳八山而八山之内既失蛾眉八山之外復遺黄琢水經注之失記補陀猶可委之海外今且近在

惑新法可以濟其迷失然遂爲長計以補缺遺

一兩均之賦役自甲首錢行富者立破其家貧者

逃不有其妻子龐御史鵬爲裁革製一條鞭法以

蘇民生至今百有餘年然日久弊生而今之最甚

則在包役夫包役賦籍事增華變本加厲猶夫[illegible]

載者忍軸之折而[illegible]蹈其上以爲倚而不知如[illegible]

之趣軸折也當事者痛除此弊則賦役自清

一物產徧天下而獨[illegible]是地者某物某物者[illegible]

異也凡物有天造有地宜有人巧陶冶之內芝之[illegible]

溪之禹餘糧從天也日鑄之茶兵坑之筍羅紋之菰角瓦窑之銀魚牖山之瓜道墟之李之橘從地也會稽之紗羅之竹箭陶堰之火籠之團扇之皮篋從人也今茶筍依然焙煮非法瓜果猶是栽植失宜即物產與風俗皆趨于衰也於戲北方燕書越鑄秦盧亦存其名焉可乎

一甲第科名至顯事也黄榜一出深山窮谷無不傳其姓氏而身殁之後烟銷影滅一榜中除立德立功立言之人則鮮有傳于身後者矣闡立其可

綴哉昔韓昌黎而後並不聞有衰以此知人貴自立甲第科名可艷而不可恃也

一越中古蹟其在稽邑者岣嶁之碑雷門之鼓王右軍之墨池題扇橋筆飛樓禹陵之窆石梅梁與金簡玉字之書曹娥之虀臼碑歐冶之鑄劍窟見之遺文固未可盡信至如土城山西施歌舞之足跡龍瑞宮鐵掩船之山坳其爲荒唐之言尤甚矣有人于此撾雷門之鼓而必求其聲聞伊洛葬禹廟之田而必待其象耕鳥耘其不爲人所竊笑乎

姑存之無盡信可也

一所謂三不朽者今之人有言未必有德有德未必有功有功未必有言前之脩志者凡屬名公鉅卿得其片楮以爲鴻寶所載詩文間多庸陋今或去其皮毛存其威瀋若今之詩文足以光郡縣者未能徧爲搜輯蓋有所俟也　張佳

會稽縣志後跋

會稽自隋開皇九年建縣以來山川靈秀風物奇尤中間仕斯寓斯生斯者理學忠孝政事文章往往冠冕一世其前代施郡判所作志陸待制序之者久不及覩至明嘉靖中金樂會馬金溪兩先生始事草創張陽和徐文長兩先生乃纂成之于是稱名志者必及會稽迄今百年舊者亡仍新者難嗣前邑侯呂公甫下車拳拳屬意欽懋以亟成是書爲言小子何心敢弗黽勉從事適殉難章公尚

綱仲子章閭從函關旋示以新脩陝西通志展卷
玩之義例精詳因知志之有關治道宜亟增補者正
復不少如舊志闕學校欽德本之闕里志致之蘇
州府學志參酌成之故較各志爲最詳其新總論
十五篇乃欽父所手定載之卷首是書初成爲
學使劉金夫子所欣賞上之督撫聘脩省志欽德自揣
會稽一邑尚懼不敏矧夫通省曷敢濫膺越十載
聖天子釐定會典復有纂脩之命玉峯王夫子以文
章宗匠來蒞茲土特採蒭蕘爰命再輯欽德更加

詳慎以答裁成但

部限甚嚴時値盛暑尚多缺畧以俟君子幸爲訂

正謹跋

康熙二十二年歲在癸亥會稽董欽德拜首書